遭遇青春期学生

大夏书系·教育艺术

吴樱花 等 / 著

应对
青春期症候群的
教育智慧

华东师范大学出版社
全国百佳图书出版单位

CONTENTS 目录

序　和青春期孩子一起成长 / 001

第一章　为什么要研究青春期症候群

第一节　遭遇青春期：青春期症候群的多维视角 / 003

第二节　青春期症候群与学困生的沉降 / 007

第三节　青春期症候群与"初二现象"的破解 / 009

第四节　青春期症候群与家庭教育干预 / 012

第二章　青春期症候群及其表征

第一节　冷漠症候群 / 019

第二节　老大症候群 / 023

第三节　交友失度症候群 / 027

第四节　粗话症候群 / 031

第五节　无聊症候群 / 035

第六节　网瘾症候群 / 039

第七节　表现欲症候群 / 043

第八节　压力失调症候群 / 047

第九节　狂躁症候群 / 051

第十节　叛逆症候群 / 057

第三章 ‖ 青春期症候群的产生和家教溯源

第一节 正视第二次站立,排解内心冲突 / 063

第二节 反思引导失当,直面教育困境 / 072

第三节 警惕价值观扭曲,纠正偏差与异化 / 088

第四节 不做"公元前"父母,改良家庭教育的"土壤"/ 097

第四章 ‖ 应对和干预青春期症候群的技巧

第一节 专家工作坊:应对青春期症候群的智囊团 / 109

第二节 朋辈辅导:青春期症候群的润滑剂 / 115

第三节 家长叙事:家教干预新尝试 / 123

第四节 自我修炼:专业成长的不二法宝 / 129

第五章 ‖ 应对和干预青春期症候群的典型案例

第一节 莫家事 / 137

第二节 艰难的蜕变 / 146

第三节 好孩子也有烦恼 / 154

第四节 在渐进中转变 / 163

第五节 古墓派变形记 / 171

第六节 这样的母爱要不得 / 178

后　记 / 189

PREFACE 序

和青春期孩子一起成长

青春是美好的,青春期教育却充满挑战。青春美好,因为此时的生命花朵最为绚烂;青春期教育充满挑战,因为此时孩子生理心理急剧成长变化,生命的风暴岁月应约而来。因此,无论是教师还是家长,对青春期孩子的教育,都应该高度重视,一方面欣赏聆听生命拔节的声音,一方面也要悉心陪护,如履薄冰。如果说教育是一门艺术,那么可以说青春期教育是这门艺术中的皇后,如同芭蕾之于舞蹈那样。

因此,当吴樱花老师告诉我,她和她的团队即将推出多年研究成果《遭遇青春期学生》一书并邀我作序时,我是不假思索即予以应允的。首先,这是一个学习的机会,可以分享他们的研究乐趣;其次,作为多年从事班主任和学校管理工作的教育人,我深知这一课题有意思,有价值,是教育富矿,值得认真去做,他们的研究一定是源自困惑,出于责任,体现了一种可贵的教育情怀;同时,我也有点好奇,他们是如何破解这一"心理风暴"奥秘的,又有何应对高招。在对他们挑战这一高难度动作的勇气满怀敬意的同时,更对分享他们的体会、经验和思考充满期待。

浏览书稿,知道这是继《遭遇学困生》之后,吴樱花老师和她的青葵园团队合作完成的第二本书。面对敏感复杂的青春方程式,他们从剖析常年积累的教育教学案例做起,以研究"青春期症候及其家教干预"的省级规划课题为依托,用研究的眼光把日常工作中的教育素材系统地联系起来,探究应对青春期症候群的教育智慧。他们发现,青春期的孩子身上会表现出很多不可思议的言行,特定的成长阶段使青春期的孩子具有强烈的情绪色彩。他们对抗成人世界,自我意识凸显,出现种种这样那样的青春期烦恼。然而,只要应对得当,经历青春期之后,绝大部分症状会自然消解,风暴过后的生命呈现出一幅幅精彩绚丽的青春画卷。但是,也有一些孩子因青春期症候处理不当,会留下终身遗憾。

作者对青春期症候群梳理出十种主要类型:冷漠症候群、老大症候群、交友失度症候群、粗话症候群、无聊症候群、网瘾症候群、表现欲症候群、压力失调症候群、狂躁症候群和叛逆症候群。冷漠症候群是指青春期的孩子不像童年时那么热情活泼,变得有点疏远,有点高冷,会有一种过度的成熟感。老大症候群是指一些孩子喜欢做老大。交友失度症候群有两种倾向,一种是自我封闭,一种是滥于交友。粗话症候群是指有些孩子故意用说脏话来证明自己很牛,显示自己已经长大,以此来刷存在感。无聊症候群比较普遍,不仅发生在青春期孩子身上,大学生青年期也会有这种现象,就是觉得无所事事,不知自己要干嘛。网瘾症候群更为普遍,沉迷于网瘾的孩子越来越多。还有表现欲症候群、压力失调症候群、狂躁症候群、叛逆症候群等,在此不一一介绍。针对各种症候群,书稿中都有典型案例剖析,描述其症候表征,提出其应对策略。唯有了解青春期症候群产生的原因,才能研究出应对问题的有效策略。书稿的第三章从"自我成长""学校教育""社会环境""家庭教育"四个方面,对与之密切相关的几大典型症候群的成因进行了多层次分析。"正视第二次站立""直面教育困境""纠正社会导向的偏差与异化""青春期症候群的家教溯源"等观点,解读角度都给人耳目一新之感。第四章例举了应对和干预青春期症候群的技巧,包括专家工作坊、朋辈辅导、家长叙事、自我修炼等,相信会给读者带来多重启发。

近些年,每当和青年朋友交流教育科研体会时,我总爱引用两句话。一句是托尔斯泰的:"一个人只有在他每次蘸墨水时都在墨水瓶里留下自己的血肉,才应该进行写作。"一句是爱默生的:"你的句子应该像从地里挖出来的蒲公英，根很长，粘着泥土，还是湿的。"真诚是写一切文字的重要准则，写教育文字自然也是这样。你得蘸着自己的"血肉"去写你的教育文字。所谓"蘸着血肉"，就是忠实于自己的教育生活，就是植根于自己的实践土壤，从地里挖出"粘着泥土"的"蒲公英"。青葵园团队成员都是一线的中小学老师，他们的可贵之处就是积累了有关青春期孩子的大量第一手案例资料，文字是他们工作经验的结晶。因此，他们的书写一定是蘸着自己的"血肉"，从他们的实践园地里挖出"粘着泥土"的"蒲公英"。这样的教育书写才是有意义、有价值的。

吴樱花告诉我，为了做好青春期孩子的教育工作，他们青葵园团队还采用"共读接力"的方式为自己补充能量，十年如一日坚持共读。《教学勇气》《教学机智》《学校与社会·明日之学校》《教育目的》《静悄悄的革命》《论语译注》《自卑与超越》《心流》等多本教育名著都是他们共同阅读反复研讨的作品。他们在与大师的对话中提升自己对教育的理解和实践能力，在多年实践的基础上对青春期症候现象进行追根溯源式的思考和探究。读书滋养了他们的教育智慧，也引领着他们的专业发展。这样一来，他们的文字就不仅散发着泥土的芳香，而且充满了理性的力量。

吴樱花和她的青葵园伙伴虽然都已年过不惑，但是他们一直坚持读书、思考、研究，在陪伴青春期孩子成长的过程中，他们自身也永葆青春的热情，沉醉于教育的风景，实现了自己专业发展之路上的"第二次成长"！

相信他们一定还会收获更多的成果和喜悦。祝福他们，祝福青葵园！

杨　斌

2019 年 12 月

第一章

为什么要研究青春期症候群

第一节
遭遇青春期：青春期症候群的多维视角

青春期，诗人喻之为美好的花季，但生理学家们却称之为"心理动荡期"或"心理风暴期"。这时，孩子的身体迅速发育，性生理迅速成熟，但心理上则往往还处于"断乳期"。这种不同步，造成了孩子心态前所未有的敏感和不稳定，亟待父母和教师为他们精心导航。

一、"独生子女"遇上"青春期"

对青春期的关注，不仅仅是时代的需要，更是人类在发展过程中自我反思、自我发展的必然结果。青春期孩子面临的挑战在不同时代、不同国家、不同文化背景下，表现出不同的内涵和特征。上个世纪的中国家庭多是多子女的家庭，孩子的社会化有三条线：一是纵向亲子间的影响；二是斜向兄弟姊妹间的影响；三是横向同辈伙伴间的影响。而现在面对青春期问题的中国家庭多是独生子女家庭（尽管二胎政策已放开），缺少了兄弟姊妹这条斜向线的影响，使得孩子在家庭中较少有情感上的支持，相对较早地实现了精神上的独立，而这种精神上的独立使孩子多方寻求摆脱父母的影响。随着同辈群体的出现，乃至青少年亚文化的形成，青少年就更多地向同辈群体或组织寻求情感上的认同与支撑，发展自己的独立性。在此背景下，青春期症候群问题进一步凸现，引起了全社会的关注。

二、"青春期"遇上"公元前父母"

阿德勒说:"青春期并不能真正地改变人格。它只是把正在成长中的孩子带入新的情境,去接受新的考验的过渡时期。"范梅南说:"父母是孩子们最早的教育家。"青春期是人生的"第二反抗期",孩子在这段时间内会对外在的一切力量予以排斥,此时父母的正确引导尤为重要。然而,由于我国在父母培训方面缺乏系统的社会体制,年轻父母更多的是复制父辈们的教养方式,有的隔代抚养,有的散养,缺乏基本常识和科学指导。父母观念陈旧,不能接纳和理解孩子的成长,网络上将这类父母戏称为"公元前父母"。孩子的"青春期"遇上父母的"不肯成长",导致亲子关系失衡,甚至严重后果。

三、教师遭遇"青春期"挑战

随着社会的发展进步,人们对于教师的要求越来越高。特别是处在青春期的中学生,已经不仅仅满足于你所教的专业课程,而是增加了很多心理层面的内容。

(1) 学生喜欢的教师,对他们的成长影响更大。如果教师站在讲台上,不仅能很好地完成专业课的教学,还能够把自己做人做事的一些感悟与学生共享,能够通过沟通给那些处在青春期找不着人生目标的学生一些积极的引导,走进学生的心里,成为他们的榜样甚至是朋友,得到他们的喜欢,那么,他的言行对学生的成长影响会更大,甚至影响其终生。

(2) 学生不看好的教师,让他们听话有点难。有的教师业务能力并不差,但是在为人处世方面起不到应有的示范作用,对于学生怎么看待自己毫不理会,学生渴望得到的尊重他们不能给予。有的教师业务能力一般而不自知,在讲台上很卖力地授课,学生在下面坐着却听不懂。上述原因都会在学生心中产生一些对教师形象不利的影响,导致他们有时表现出不好管、不听话。

(3) 对学生不一视同仁的教师,他们也会不喜欢。有的教师偏爱学习好、有特长、能为班级和学校争光的学生,对各方面条件一般,特别是学习成绩偏低的学生热度较低,学生看重的机会平等、人格平等不能很好地体现。这容易导致那些得不到教师喜欢的学生在心理上产生不平衡,自尊心受挫,负面情绪增加,因而对教师不满意、不喜欢。比如有些学生的学习成绩下降,起初原因并不复杂,也许只是方法或理解的问题,只是在他们最需要有人给予帮助的情况下,不仅没有得到老师及时的指导和帮助,反而因此受到老师的冷落,这时在他们学习成绩下降的原因里,又会增加源自老师的不良感受,这种打击甚至会在他们的心里留下长久的阴影。

(4) 喜欢看学生缺点的教师,不一定能纠正缺点,而有可能增加对立。有的教师对学生严格要求,总怕学生出现这样那样的问题,常常把注意力放在学生的缺点毛病上。中学生处在情感的敏感期,对于别人过多的指责批评,容易产生逆反心理。他们在家里听家长的教导已经不少,到了学校教师接着指正,到头来学生的缺点非但没有纠正多少,倒是增加了师生之间的对立和不信任。

从上面的分析不难看出,一名合格的教师,有了投身教育事业的热情,有了能够胜任教学工作的业务能力还不够,还要有一定的心理学知识,有与青春期中学生沟通的能力和技巧,有用爱心和包容对待每一位学生的诚意和行动,这样才能适应当今社会对教育工作者的要求,才能真正读懂青春期学生。[①]

[①] 邬小红:《教师读懂青春期中学生,有利于更好的履行教育职责》,《高中生学习(师者)》,2014 年第 3 期。

四、"青春期症候群"是一种中性表达

随着青少年进入青春期，身体长得越来越接近他们的父母，第二性征开始出现，并且对周围的社会已有一定的了解，他们觉得，如果想获得独立，就必须首先摆脱养育自己的人，包括父母、老师等。这种从父母的保护和依赖中挣脱出来，开始独立的过程，也叫作心理上的"断乳期"，这是一个人的成长过程中必须经过的阶段。

早期，研究者把顺从行为看作成人期望的社会化目标，而视不顺从行为为一种行为问题。后来的研究者以发展的观点看待不顺从行为，认为对不顺从行为要作具体分析。儿童的不顺从行为可以被视作儿童说服父母放弃或改变其要求所采取的策略，在这种情况下，不顺从行为对儿童的社会性发展有积极作用。这方面的研究，国外早已起步。当前，父母普遍反映在对青春期的孩子进行教育的过程中常常遇到冷淡和抵触等不合作反应，究其原因并不是孩子的问题，而是青春期生理和心理发育不平衡所造成的一种必然存在的客观现象。因为当青少年的生理发育到一定阶段，智慧和思想积累到一定程度时，他们会感到自己的能力已经强大了，自我意识也就必然增强，就会有一种急欲摆脱束缚的愿望，因而在行为上往往表现为不顺从以及叛逆性的对抗。随着认识的深入，我国相关儿童教育指导机构和心理咨询服务机构已经开始为孩子的这种"不听话"正名——青春期孩子的"不听话"未必是坏事。孩子不顺从父母的要求，拒绝执行，包含着积极意义。这也是我们想强调的一点："青春期症候群"是一种中性表达。

第二节
青春期症候群与学困生的沉降[①]

青春期症候群的背后，隐藏着一个正在快速成长的人群对旧有秩序的挑战欲望。他们不再像幼儿园、小学时那样对家长、老师充满崇拜和敬爱，也不再对学校规章制度发自内心地服从，而是选择了对着干。只要是家长、老师提出的，哪怕是正确、合理的要求，他们都会产生一种莫名的抵触；同伴中，谁敢于挑头跟家长、老师作对，在这群少年眼中就俨然成了"英雄"。青春期的这种种特点极易让孩子的学业产生波动。

一、青春期是学业的重要拐点

当学习困难遇到青春期这个特别时期，家长和教师需要学习和应对的综合性挑战超越了传统意义上的逆反、自我中心等问题，很可能是从单一的困难走向全面的沉降。

过去的乖乖女开始跟父母和老师产生说不出的隔阂，昨天还顺从地按规矩行事的男孩一夜之间成为不愿意跟家长、老师对话的叛逆少年……家长和老师应该认真地面对这个带有普遍性的问题，正视青春期（一个被称为危险期的特殊阶段），既不要被孩子气得乱了阵脚，也绝不

---

① 吴樱花：《遭遇学困生》，中国轻工业出版社，2012 年 1 月。

能掉以轻心，坐等这个重要的教育时机过去。

对于学困生而言，如果在青春期能得到充分的照顾与支持，可能会焕发出全新的自我，与曾经的那些学习困难说再见；反之，已有的学习困难得不到解决，青春期的迷惘、叛逆、焦躁等情绪叠加起来，学困生很可能会拒绝和抵制老师、家长的种种良苦用心，迅速地沉降下去，成为"问题学生"。

二、青春期是人生的十字路口

青春期是人生的第二次生长高峰，男孩子开始长出喉结、胡须，女孩子的身材变得婀娜多姿。随着第二性征的出现，少男少女的智力特征有突出发展，个性开始萌发，开始意识到自己不再是小孩了，出现强烈的独立心理，喜欢自由和思考，极力追求给别人留下独特的感觉，并极力摆脱父母的约束和唠叨，但依然存在不同程度的依赖心理，说话做事仍像小孩子。

青春期少年的人格发展具有紊乱、无结构性的特点，处于孩童与成人期之间，人格上又有过渡性的倾向，要想帮助孩子顺利地度过青春期，减少青春期症候群的发生概率，家长和老师可以做的事很多。

青春期，如同人生第一个重要的十字路口：向左，是学校相对刻板、高度竞争的学业压力；向右，是社会充满诱惑、高度混杂的人际旋涡；向后，是温暖但也一直过于保护孩子、不愿意承认孩子已经长大的父母；向前，是充满荆棘、矛盾但终将由自己一个人走的独立自主之路。在这样的十字路口，家长和老师要做的，不是千方百计把孩子扣在相对安全的地带，而是从容、谨慎地扶助（更准确地说是目送）孩子在左右摇摆之间，安全地、坚定地走向属于自己的远方。

第三节
青春期症候群与"初二现象"的破解

初中的老师或家有初中生的家长都有这样一个感受：在小学和初一时还乖乖的孩子，一到初二，便似乎换了一个人，除了个头猛长了一截之外，开始变得不再听话，事事爱与家长、与老师唱反调；好好的班级，课堂纪律变得散漫起来，甚至学生中出现逃学、打架、吸烟等不良行为。这种现象，我们姑且称为"初二现象"。究其原因，与青春期症候群密切相关。

一、矛盾的青春期心理

青春期学生生理心理的不断成熟，使得他们出现强烈的独立意识，但由于缺乏社会经验，往往在处理一些事情时又依赖成人，出现了矛盾的心理。

1. 独立性和依赖性的矛盾

青春期少年在心理特点上最突出的表现是出现成人感，由此而增强了少年的独立意识。如他们渐渐地在生活上不愿受父母过多地照顾或干预，否则心里便产生厌烦的情绪；对一些事物是非曲直的判断，不愿意听从父母的意见，并有强烈的表达自己意见的愿望；对一些传统的、权威的结论持异端，往往会提出过激的批评之词。但由于社会经验、生活经验不足，他们经常碰壁，不得不从父母那寻找方法、途径或帮助，再加上经济上不能独立，父母的权威作用又强迫他们去依赖父母。

2. 成人感与幼稚感的矛盾

青春期少年的心理特点的突出表现是出现成人感——认为自己已经成熟，长成大人了，因而在行为活动、思维认识、社会交往等方面，表现出成人的样式，在心里渴望别人把他们看作大人，尊重他们、理解他们。但由于年龄的不足，社会经验、生活经验及知识的局限性，他们在思想和行为上往往盲目性较大，易做傻事、蠢事，带有明显的小孩子气、幼稚性。

3. 开放性与封闭性的矛盾

青春期少年渴望与同龄人、与父母平等交往，渴望他人和自己一样彼此间敞开心灵来相待。但由于每个人的性格、想法不一，他们的这种渴求找不到释放的对象，于是就形成既想让他人了解又害怕被他人了解的矛盾心理。

4. 渴求感与压抑感的矛盾

青春期少年由于性的发育和成熟，出现了与异性交往的渴求。比如喜欢接近异性，想了解性知识，喜欢在异性面前表现自己，甚至出现朦胧的爱情念头等。但由于学校、家长和社会舆论的约束、限制，青春期少年在情感和性的认识上，存在着既非常渴求又不好意思表现（压抑）的矛盾状态。

5. 自制性和冲动性的矛盾

青春期少年在心理独立性、成人感出现的同时，自觉性和自制性也得到了加强，在与他人的交往中，他们主观上希望自己能随时自觉地遵守规则，力尽义务，但客观上又往往难以较好地控制自己的情感，有时会鲁莽行事，使自己陷入既想自制，但又易冲动的矛盾之中。

二、棘手的"初二现象"

"初二现象"概念的提出，切中了学生由童稚走向成熟过程中的一些普遍性问题。作为"成长烦恼"的现代版，"初二现象"有着较为深刻的社会文化背景，是初中班主任工作的要点难点，比较典型的现象包括：（1）沉湎幻想，逃避学习；（2）迷恋精神寄托物，如通俗文化产品；（3）外表上过度表现自己，有早恋倾向；（4）反叛师长，追求独立；（5）不尊重父母的劳动，乱花钱，讲攀比；（6）有说谎、抽烟、拉帮结派、小偷小赌、夜不归宿等不良行为。在日常教育工作中，"初二现象"并不像媒体炒作的那样普遍和严重，但借助这个视角，对可能产生或个别存在的一些不良倾向或者迹象重点防范，对教育教学具有指导性意义。[1]

"初二现象"是教学中或者说是孩子成长过程中的正常现象。作为教师，应该充分认识到"初二现象"是一个自然规律，不必为此大惊小怪。怎样破解"初二现象"？教师充分研究并认识青春期症候群，才能摆脱思维定势，重新定义"初二现象"：一方面，这说明我们的孩子们开始长大了，开始成熟了（哪怕这种成熟中还有幼稚的成分），我们应该为之高兴；另一方面，也要顺应"初二现象"，采取有针对性的、适宜的方法，引导孩子们正确认识自己，正确地对待老师和家长的教诲，正确地认识学习和人生。

---

[1] 雍琴：《班主任如何直面"初二现象"》，《教学与管理》，2002年第28期。

第四节
青春期症候群与家庭教育干预

我们对青春期孩子的关注和研究,随着教育工作经验的不断丰富而日益深入。在撰写《遭遇学困生》一书的过程中,我们意识到亟待研究的问题,远非"学习困难",而是关乎青春期学生学校生活的各个方面,追根溯源,家庭教养方式的影响是最为关键的因素。孩子在家庭中生活的时间很长,约占其全部生活时间的三分之二,父母对子女的行为起着潜移默化的作用。

一、失当的家庭教养关系

在青春期,孩子的成人感开始产生,自我意识逐渐成熟、独立性逐渐增强,为摆脱成年人的束缚,开始与其发生冲突,进入"第二反抗期",此时,家长若不能很好顺应,将进一步激化孩子的"青春期症状"。

1. 迟钝型家长

部分家长虽能感觉到青春期孩子的变化,但并未思考其中的原因,不知不觉间,他们的孩子就度过了整个青春期。回想起来,他们会对已经成年的孩子说:"那几年,你可是非常不听话,我说东你偏西,把我气得啊!后来怎么就好了呢?"这一类家长糊里糊涂,对于处于关键敏感期的孩子的成长变化没有觉察，只是自己在心里着急上火，错过了和孩子做知心朋友的最佳时期。

2. 压制型家长

更多的家长面对青春期孩子，第一反应是孩子小时候可不是这样，挺听话的，现在怎么这样了？我该怎么办？然后就给孩子扣上"逆反""不听话"的帽子，给亲子间定了一个"有代沟"的结论。对于表现出"青春期症状"的孩子，这一类家长会继续施压。这将非常不利于亲子间的互动和沟通，事实上不但解决不了问题，有时可能会激化亲子间的矛盾。

3. 过敏型家长

与迟钝型家长相反，这一类家长把自己孩子的一点小变化都视为天大的灾难，孩子一变，家长就慌。家长是成熟已久的个体，也许对自己幼时的变化不那么熟悉了，自己也是许久未变了，所以对于孩子任何的小改变都无法接受。殊不知孩子是发展中的个体，没有变化就没有发展。孩子成长中的变化，少数是真有问题，大多数纯粹只是变化而已。孩子成长中的问题，有正常的，也有异常的，但都是暂时的，都处在发展过程中，绝大多数所谓的"问题"都会随着孩子的成长而消失。家长如果揪着孩子成长中出现的暂时的问题不放，想方设法地要治愈它，那对孩子来说无疑是场灾难，是一种强化，也许原来不是问题的"问题"就会真成为问题，扰乱孩子正常的发展。

二、青春期症候群与家庭教养方式的关系

通过大量的案例研究，课题组发现，青春期症候群的激化与家庭教养方式有显著关系。

关于"家庭教养方式"的概念，我国学者有多种认识。一种观点认

为:"家庭教养方式是指父母在抚养、教育儿童的活动中通常使用的方法和形式,是父母各种教养行为的特征的概括,是一种具有相对稳定性的行为风格。"① 此外,越来越多的学者用家庭系统论的观点考察亲子之间的交互作用、双向影响。不仅是父母通过教养方式对儿童的发展产生影响,同时,儿童特征也反过来影响父母。儿童不同的特点和行为会引起父母不同的反应,因而使父母采取不同的态度和行为方式对待他们,所以,父母的教养方式不仅受自身特征的影响,也会受到儿童特征的影响。

通过研究,我们认为家庭教养方式应包含两个层面,一是父母对儿童的态度,二是管教方式。态度是指父母的接纳或拒绝、温暖或冷漠等。而管教方式则指父母所用的教养方法,如民主、放任或专制等方法。这二者相辅相成,彼此相关。当然,具体的青春期症状及家庭教养方式各有差异,但在研究中,也发现了具有普遍性的规律:

1. 控制型家庭激化青春期症候群

青春期孩子自我意识和独立意识逐渐增强,家长如果一如既往地控制他们各个方面的行为和想法,而青春期孩子不愿意接受家长的控制,开始想要摆脱,就会慢慢出现不顺从行为,并且逐渐变得激烈,甚至到了"对着干"的程度。父母的第一反应即为继续加大控制,结果适得其反,亲子双方都筋疲力尽,亲子冲突愈演愈烈。

通过研究发现,青春期症候群是普遍存在的,而且随年龄增长呈现倒 U 型的曲线。面对父母的控制,有的孩子单纯地反抗,有的孩子试图改变父母的教养方式。更积极的不顺从行为比如协商(包括解释或讲条件)的出现,是个体更成熟的表现,说明他们对于亲子冲突开始有策略地去解决。而在控制型父母看来,孩子的协商仍然是"不听话""逆反"的表现,这种亲子双方不平衡的信息理解造成了我们常看到的亲子冲突

---

① 陈陈:《家庭教养方式研究进程透视》,《南京师范大学学报(社会科学版)》,2002 年第 6 期。

愈演愈烈的现象。了解了这样的现象和本质后，我们会发现，父母的控制在亲子互动中有着非常大的影响力。

基于这一研究发现，我们认为，让孩子顺利度过青春期，父母的家庭教养方式极为关键。家长需要自我检查是否控制过度，对于孩子试图说服父母改变教养方式这一信号，家长需要具备敏锐捕捉的能力。

2. 民主型家庭淡化青春期症候群

如前文所述，青春期症候群是普遍存在的，但在控制型家庭和民主型家庭中表现的程度差异较大。

青春期症候群在每个青春期孩子身上都存在，这是他们心理发展的正常规律，只是每个孩子的表现程度有所差异。民主型家庭，意味着更多的亲子沟通和弱控制策略。对于青春期孩子来说，民主型家庭之所以能够淡化青春期症候群的影响，在于家长和孩子共同成长，调整自己的教育策略，建立民主型家庭。在民主型家庭中，这些孩子能够感觉到自己与父母之间的地位是平等的，从而能够放心地把自己内心的想法说出来。对于青春期孩子，家长最怕的就是不知道孩子心里在想什么，当孩子把自己的内心想法都呈现在家长面前时，家长就可以引导孩子保持健康的观点了。也就是说，若能保持家长与孩子的顺畅交流，孩子的青春期一般能顺利度过。

青春期是一个特殊而且敏感的时期，对亲子关系是一个巨大的考验。而个体的不顺从行为可以作为亲子沟通是否顺畅的一个指标。亲子之间只有沟通顺畅了才能避免不良冲突的发生，父母只有了解了孩子才能更好地与之相处。

第二章
青春期症候群
及其表征

第一节
冷漠症候群

青春期发育阶段的孩子容易出现兴奋过度的状况,也容易变得沉默寡言。冷漠症候群就是指有些孩子到了青春期阶段,不再像童年时那么热情活泼,嘻嘻哈哈,也不再热衷参与群体活动。他们会感觉周围同学很幼稚,而自己比较成熟,与同学相处不太合群,变得疏远,变得高冷孤僻,这是很多孩子在成长过程中会经历的阶段。

伴有冷漠症候群的孩子有孤独感或清高感,觉得无人理解他们或无需理解他们。他们往往松散拖拉,对师长或他人的要求经常不能及时完成。其实他们内心比较敏感,很能敏锐捕捉外界传递的信息。有的孩子很清楚自己要的是什么,对自己在乎的事情从不马虎。适当降低点要求并长期给予这些孩子默默的关心,就很容易赢得他们的心。

在《孤独:人的天性和社会连接的需要》一书中,卡乔波和帕特里克解释说,孤独会对应激激素和免疫功能造成影响。孤独不仅会增加抑郁、自杀的风险,也会增加高血压、心脏病、认知退化和睡眠障碍等疾病的风险。一旦发现孩子孤独冷漠了,必须保持高度警惕,及时采取有效行动引导他们回归人群。

案例

老 徐

"老徐,你的英语课文快点背啊!"

"老徐,你的数学怎么还没做完?"

"老徐,语文作业就剩你一个没完成了!"

"老徐,把你的桌子和周围整理一下吧!"

"老徐,……"

新接了一个班级,"老徐"是班级同学给予他的雅号,因为他的行动总是慢半拍。对同学们的催促提醒,他基本是充耳不闻,自有自己的节奏,稳定性很强。于是,班级情况记录本上,"老徐"的名字出现频率最高!

下课了,一群好动的男生即刻汇聚,教室内外嬉闹欢快;女生也是三五成群,叽叽喳喳。老徐则经常一个人独自坐在座位上,或补作业,或冷眼旁观。

我和其他学生聊天,想侧面了解一下老徐。孩子们对老徐的兴趣很浓厚,老徐的小学同学对他的"八卦"更是津津乐道:"老师,老徐小学就有点怪,没有现在这样闷,但是他成绩很好的";"老师,老徐跟我们在一起很能说的,就是跟大人不肯说话,在人多时也不肯说话,其实他看的书挺多的";"老师,你不知道吧,老徐很看不上班级里的某些男生的"……

连续三天,老徐的语文作业都是欠交。我把他找来谈话,他就一种状态——保持沉默。不管我说什么,他就是沉默。

联系家长,妈妈电话不通,爸爸电话没人接。于是,我给他爸爸短信留言:孩子连续三天没交作业,问他,他不说话,是否家里发生了什么状况?请家长关注!

原以为他爸爸看到短信会有回应,结果是一连几天,电话没有,短信也没回。再次打电话,仍然不接,短信也仍然不回。

我找前任老师了解老徐的家庭情况。爸爸妈妈都是普通的工人，爸爸从来不管孩子，妈妈基本管不住孩子，所以老徐是名副其实的"散养"。老徐的作息时间也很个性，他放学回家都是先睡觉后做作业。有时候是睡到八九点，让他妈妈叫醒再做作业；有时候如果叫不醒他，就等到第二天到学校补做。如果补做来不及，就只能欠交了。

既然这样，我只能自己独自面对老徐了。先把老徐的优点罗列一下：老徐的字写得非常漂亮，对于语文学科来说，有非常大的优势；老徐的领悟能力较强，在阅读理解方面也很有优势；虽然经常欠交作业，但是老徐的语文成绩一直不差。我找老徐谈心，他继续着他的沉默，我罗列他的优点，看得出他的神情由漠然变得有些许温润。我们达成协议：每天的语文作业坚持在校完成一部分，回家能做多少做多少，老师绝不追究。

于是，班级记录本上，老徐的作业欠交记录越来越少了，即使偶有他的名字，我也忽略不提。老徐是能感觉到我对他的迁就的，所以每次语文考试他都很认真，卷面书写整洁漂亮，好几次作为样卷印发给同学。

我们之间的默契一直保持到他初中毕业，老徐的语文中考成绩非常出色，他也成功考入四星级重点高中。毕业以后，很多学生返校看望老师，我却从没看到老徐的身影。

青春期孩子的自我意识一直是处于成长中的，一开始是充满冲突的自我变化，渐渐变得沉静，当然，在表面的静态深处仍然充满着动态的变化。

老徐的离群索居看上去有点让父母伤心，其实孩子是在经历一个人面对自己的过程，这也得益于父母对他的"散养"。因为老徐的父母在情感上对孩子的投入较少，在养成了孩子的独立性的同时，老徐的青春期也是缺少安全感的，所以他会显得特别敏感，他会通过逃离自我的方式来找到他的自我。

青春期孩子非常注重自己的思维能力，在人际关系方面，很多孩子不愿与人为伍而喜欢独处。父母和老师应该意识到自己需要更智慧、更合理地与孩子相处，要把孩子当成一个成年人来看待，批评的时候更要谨慎，而且要明白孩子这时很容易跟自己针尖对麦芒。如果老师和父母意识不到孩子的成长变化，不懂得调整应对策略，那么就只能感受到孩子对自己的冷漠、抗拒甚至公开怨恨、粗暴，这反过来又会促使孩子更加往内心深处退缩，更不可能对自己敞开心胸。

庆幸的是，老徐的表现没有遭到成人世界的过多控制。尽管有种种行为缺陷，但在老师和父母的包容中，他慢慢明白，当一个人越来越有能力接受外在世界对他的各种要求，他也必须学会如何抉择：想要的是什么，哪些是最重要的？在对别人说"不"的同时，应该明白自己要选择什么，而不仅仅是单纯地对别人进行阻抗。

下面总结一下冷漠症候群的主要表征：

（1）表现木讷，内心敏感。

（2）缺乏主动性，对他人的反应慢半拍。

（3）对喜欢的事情特别专注，时有出色表现。

（4）在群体中语言表达能力不足，缺少自信。

（5）表面上自我期许偏低，但内心较有主见。

（6）礼仪缺失，不太善于人际交往。

第二节
老大症候群

社会心理学告诉我们,高自尊如果掺杂了自恋或者掺杂了膨胀的自我感觉,就会变成大问题。大多数高自尊且自恋的学生往往具有攻击性。我们可能以为自大的同学仅仅是为了掩盖他们的不安全感,但更有可能是他们从心底里就认为自己极好,于是常常会在同学面前以"老大自居"。

老大症候群有类似于成人社会中集团里的"领袖"或者帮派团伙里的头目 ——"老大"的特征。这里谈的老大症候群,是指在青春期发育阶段的孩子因为自身某个或某些特殊优势,要么耀武扬威欺辱他人,要么喜欢被同学整日众星捧月、前呼后拥,成为一群同学里的核心头头。他们经常跟班级纪律作对,或者去威胁其他同学,在班级甚至整个校园中有负面影响,令同学敬而远之、望而生畏。

大姐小金

小金,白皙的皮肤,一双狡黠的小眼睛,戴着一副红框眼镜,剪着近年较为流行的波波头,一个典型的不让人省心的女孩:任性、自以为是、贪图享受，被动学习、惧怕学习，喜欢手机、电子游戏机和网络，喜欢和同样在行为上有问题的男孩打闹，缺少同性朋友或深交的同学，成绩一般，性格乖戾。

初一刚适应新环境前，小金还算正常，但喜欢有事无事大吵大嚷，还喜欢把手机、MP3以及掌上游戏机等电子产品带到学校来，下课时总有一些不怎么爱学习的男生喜欢往小金那里聚，看似聊天，其实是围在一起在看什么，大家很投入。有一次被我发现了："你们那么认真，在忙什么呢？""没什么没什么。"看我注意到他们了，几个男生识相地走开了，小金似乎把什么东西向桌肚子里一塞，若无其事地离开了。

渐渐地，小金和班级规章制度以及学校的各项规定格格不入起来。而且小金边上围着几个成绩和纪律比较差的男生，极个别跟她玩到一起的女生也是跟她一样。而且我发现，小金以提供游戏机给几个男生玩而让他们对她言听计从，自习课或者体育课、音乐课在专业教室上课时，他们都是聚集在一起，慢慢地形成了一个小团伙。特别是下午的时候，学校对学生吃点饼干之类的食物还是允许的，小金很大方，她每天包里都会带各种各样的食品，并且很慷慨地分给那几个男生。下午课间，小金拿出饼干之类的食品对追着她要吃的的几个男生说："喊'大姐'。"那几个男生还就真的喊起了"大姐"，乐得小金哈哈大笑。双休日，小金也和这几个男生一起出去玩耍，而且常常小金请客。到初二时，小金已然是这个小团体的核心人物了。

初二上学期临近期末，以小金为核心的几个人和班上的另一位女生小潘矛盾渐渐激化。小潘人高马大，能歌善舞，人漂亮，是学校田径队200米和400米选手，平时和其他几个同学还组成了舞蹈队，深得老师和同学们的欣赏。而小金却是除了电子游戏之类玩得不错外，还真没有什么才艺。或许是小金嫉妒小潘，或者是想收买小潘未果，抑或还有其他原因，总之两个人经常互怼。虽然小金有本班的几个跟班，和九年级某个"大佬"也有联系，甚至跟外面的某些不良少年也有往来，但田径队的小潘也不是好惹的。小金个子娇小，学校班级管理又严格，小金不敢公然和小潘打架，于是小金就安排她的几个跟班，不断找小潘的各种不是，只要发现小潘有作业未做或者其他鸡毛蒜皮的事，就逐个向班主任或各科老师"举报"，并孤立小潘，特别是体育老师因为小潘没有进他的跆拳道队却进了田径队而对小潘有成见，于是以小金为核心的几个人整天向体育老师"投诉"小潘，或取笑小潘。

小金，俨然成了班级里负能量的核心，而且和高年级以及其他学校的类似学生联系频繁，成了这个年级乃至学校里的"名人"，班级同学唯恐避之不及。

因为家长过分的溺爱，小金形成了以自我为中心，不顾他人感受的自私自利的个性。而学校毕竟不是家庭，学校有规章制度和纪律约束，学校有学业的要求和压力，有老师的教育管理，有统一的行动，不可能像家庭一样对她百依百顺，同学们也是各个家庭的宝贝，或多或少都在家里享受和小金一样的待遇，因此不太可能对小金唯命是从，又加上学业压力不小，自身基础薄弱且缺乏上进心和吃苦耐劳的精神，小金渐渐地与学校和同龄人正常的生活渐行渐远。小金在家庭中几乎没有经历过挫折感，面对学校里自己的"弱势"，一方面她不愿意通过自己的积极进取而改变自我，另一方面她渴望得到表扬或者同学们赞赏的心理无法满足，甚至因为自己在学业上的落后而受到批评，屡次在校玩电子游戏和违反纪律受到惩处，因而对学习、对班级和学校的规章制度极为不满，再加上她本身性格乖戾，对老师的严格管理和优秀同学的荣耀心生反感，甚至走向对立。

物以类聚，人以群分。渐渐地，那些和小金有相似缺点的同学慢慢聚集到她的周围。小金家庭经济条件不错，她花钱比较大手大脚，性格中又有豪爽的一面，舍得把自己的食物、游戏机等和心气相投的伙伴分享，并且在那些同学犯错时传授"成功经验"让他们为自己开脱，甚至主动到老师面前为这些同学诡辩喊冤，自然赢得这些"同道之人"的感激和欣赏，成为这些同学心中的老大也便"水到渠成"了。而有老大习气的学生，自然追崇那些跟自己相似的且能量更大的同辈、前辈，小金和其他年级甚至其他学校学生中的老大通过各种信息渠道相互联系，形成一个"老大联盟"。

小金这样的同学虽然不多，但破坏能力却是惊人的，无论是对老师还是对家长来说，都是痛苦不堪，伤透脑筋。所以老师和家长需要早点重视，形成家校合力，宽严得当地合理引导并常抓不懈，这样才能逐步去除青春期学生身上的老大症候群现象。

下面总结一下老大症候群的主要表征：

(1) 文化成绩较差，性格乖戾。

(2) 在家在校往往目无尊长，我行我素，唯我独尊。

(3) 豪爽大方，不吝财物，爱替别人出头。

(4) 缺乏纪律观念，桀骜不驯，不服管教。

(5) 爱拉帮结派，无事生非。

(6) 重义气，不讲道理，盲目冲动，不计后果。

第三节
交友失度症候群

青春期被称为"心理断乳期",心理学家斯朗甚至将青春期称为"人生的第二次诞生"。青春期少年对"我"的意识日渐觉醒,成人感越来越明显。他们特别关注伙伴对自己的态度,关注自己在伙伴中的地位。不仅如此,青春期少年的社会参与感也逐渐增强,渴望与校园群体外的人交往,以获得成长感和被认同感。

因为以上心理,不少青少年在交友中没有把握好分寸,有的会广泛交友,以显示自己朋友满天下,从而获得被认可感;有的则沉醉在"世人皆醉我独醒"的状态里,容不得他人的点滴缺点,导致没有朋友;有的坚守"为朋友两肋插刀"的原则,对朋友缺少原则;有的则因为好奇心强,轻信他人,导致犯错,甚至走上犯罪道路……这些现象都是交友失度症候群的表现。

失度必然失误,交友失度必然会陷入迷茫与烦恼中,这对青少年的成长将产生不利影响。交友要做到适度而不失度,需要相当的智慧、度量和能力。

交友失度,有可能是依恋性人格所致。社会心理学研究证明,早期的依恋确实会影响以后的人际关系。

案例

热衷交友的小婷

小婷是班级里一位高个子女生，性格外向，善于言谈。她在本班的人缘不是很好，但却有很多其他班级的朋友，其中男生居多。她每天来校最早，每晚放学又走得最晚，走廊上总能看到她穿梭于各个班级之间的身影，似乎有很多事等着她来处理。在外校她有一个"小弟"，是一个比她小的男生。那位男生与社会上的女生交往，出了事女孩家里找到学校，男孩怕了，便找到小婷，小婷毅然将他带回家里躲避。小婷的母亲知道此事后将男孩赶走，小婷为此跟母亲大吵一架。

小婷的家庭比较特殊。她的父亲与母亲在舞厅认识，父亲比母亲整整大 20 多岁。更为特殊的是，她的父亲从来没有工作过，家庭支出全靠母亲工作所得，对于这一点小婷的父亲甚为得意。小婷的出生对她父亲来说可谓老年得子，自然对小婷十分喜爱。用她父亲的话来说，她从来没有打过小婷，从小学一年级开始每天接送她，从未间断。小婷的父亲虽然没有工作，却有极广的"人脉"，社会上三教九流的朋友很多，很多人都称他为"老大"。她父亲的主要活动场地不是麻将馆就是舞厅。

或许因为父亲是社会"老大"，小婷很羡慕她的父亲，受他影响，小婷从小也是个很会交朋友的孩子。对于这一点，小婷的父亲十分欣赏，曾经骄傲地说："别看我女儿成绩不好，但很会交朋友。为人热情，很有主张的。这点像我！"在父亲的支持下，小婷的朋友从同学扩大为网吧结识的社会青年。无论她带怎样的朋友回家，她的父亲都一律给予招待，小婷也因此在朋友中颇有威信。

小婷热衷交友，自然精力分散，课上也时常偷偷用手机聊天。老师向其父反映情况的时候，他却不以为意，说成绩好坏不重要，以后走上社会，小婷一定能混得开。

然而随着年纪的增长，小婷开始不满于父亲干涉自己交友，开始瞒着父亲结交较为年长的社会青年。而这一点她的父亲毫无觉察，直到后来小婷逃学一周，她父亲从宾馆中找到小婷的时候才发现自己对小婷的管理已经失控，追悔莫及。

处于青春期的中学生面临着三个重大的课题：交友、求知、选择人生。交友放在首位，因为这是一种自我认定的途径。人在与他人的联系中，存在着各种各样的"作为……的自己"，每时每刻都要选择一个"自己"面对当时的情况。青少年只有在朋友圈里找到自己的位置，才能获得安心和满足感。

案例中的小婷从父亲的身上习得了"做老大才最牛"的价值观，认为朋友越多越有面子，帮朋友解决困难才代表自己有实力。小婷的父亲对孩子交友的引导显然是"失度"的，在他的意识里，会交朋友就是有能力，因而忽视了引导孩子"谨慎交友"。面对此种问题，需要教师适机加以引导，让学生明白人需要朋友，也需要独处，不是朋友越多越代表自己成功，不是大家都听自己的才代表最有实力。交友的真正意义在于相互学习，相互关心，相互倾诉。交友的原则是积极相促，坦诚相待。

青春期的孩子开始关注自我，开始在意别人对自己的评价。小婷之所以喜欢在外面交朋友，这与她在本班缺少朋友有一定的关系。当今班级里的竞争越来越激烈，"分数决定一切"的现象越来越严重，不少孩子会因小婷的成绩差而疏远她。小婷在班级里无法实现"大姐大"的目标，自然会把目光投向并不是很了解她学习情况的外班、社会，从而完成对自己价值的认定。

由此推论，小婷的交友失度是因为家庭教育失度、自信心不足。此时教师应当充分发挥伙伴、团队的作用，营造团结友爱的班级氛围，将交友失度的孩子置于团队当中，通过各种活动促成学生间的相互理解，达成交友共识。教师和家长要善于搭建展示才华的舞台，使交友失度的学生认可自我的价值，从而引导其回归集体，适度交往。

下面总结一下交友失度症候群的主要类型与表征：

(1) 退缩回避型，即孤独封闭，不与他人交往。

(2) 热衷交友型，即以交友广泛为荣，不加甄别，随意交友。

(3) 唯我独尊型，即在朋友中自我意识过强，导致朋叛友离。

(4) 纠结沉迷型，即对朋友间的关系极为敏感，整天因害怕失去朋友而揣摩人际关系。

(5) 好奇草率型，即为满足自己的好奇心，轻信陌生"朋友"，为刺激而交友。

第四节
粗话症候群

粗话症候群是指处于青春期的孩子会故意用说粗话的方式来发泄一下,刷一刷自己的存在感。也有一些孩子把说粗话当成一种时尚和潮流,证明自己很牛,显示自己的长大。

青春期孩子说粗话其实也是一种情绪失控的表现。十三四岁的孩子,正处于一段情绪起伏剧烈、精神压力大的时期。孩子的情绪可以渗透到他生活的方方面面,影响他的行为,当然也会影响他的言语表达方式,说粗话就是表现之一。

青春期孩子说粗话一般都是在同伴面前,在大人面前,他们通常都表现得循规蹈矩。对待说粗话的孩子需要根据程度的轻重给予适当的引导,一般会有成长环境的缘由,需要老师和家长关注和反思。

从社会心理学的视角来看爆粗口,其实是一种攻击性行为,如果不予及时引导,就有可能导致转向攻击型人格。因为言语有可能慢慢转化为人的信念。

说粗话的林博

林博是个聪明的男生,但是在班级人缘较差。究其原因,同学反映林博经常说粗话骂人。有几位女生说:"林博太讨厌了,经常说粗话骂人,而且是脏话,很难听。"

我找林博谈话,他若无其事地说:"我没有说脏话啊,同学之间开开玩笑而已啊,这些人真幼稚,既然他们不高兴了,我以后会注意的!"

有一次,物理老师很愤怒地找到我:"吴老师,你们班的林博太可恶了,不知他父母是怎么教育的,简直是一点教养都没有。课堂上不听讲,我提醒了他一下,他竟然闹情绪。我就批评了他两句,没想到他竟然冲我说粗话,如果不是老师这个身份,我恨不得抽他两耳光!"

安抚好物理老师之后,我找来了林博,告诉了他这件事的严重后果——要处分。这一次,他意识到自己错了,低着头,一副诚恳认错的模样。我对他说:"你对老师爆粗口时一定没有想到会有如此严重的后果,是不是?我很想知道,你说粗话时心里是怎么想的?你为什么会习惯说粗话呢?"

他承认了自己被老师批评时感到羞愧,一时情绪失控,又因平时口头禅不好,习惯性地就冲着老师爆了粗口。我问他平时在家是不是也会这样说话,他委屈地跟我说,他父母平时就是这样说话的。

林博向物理老师诚恳道了歉,我约见了林博的父母,爸爸没空,妈妈来了。林博爸爸是开培训机构的,妈妈是某学校的教师。在我跟林博妈妈反馈孩子的在校表现后,这位妈妈的第一反应不是批评儿子,而是指责物理老师在课堂上对学生的处理方法不够妥当,激发了他儿子的情绪,所以才有这样的后果。真是一位护短的妈妈,同行懂门道,知道哪儿是软肋。林博妈妈激动地说:"你们学校老师的素质有限,以后让我先生来给你们做做培训,提高提高!"

我只能顺着她的话说:"就算物理老师处理方法不够妥当,林博也不应该爆粗口骂老师啊!我很想知道,他在家是不是也经常说粗话?他是跟谁学的呢?"

"孩子在家从来都不说粗话的啊!他肯定是跟同学学的,还有他在外面结交了一些朋友,也会在一起胡说八道……"

"林博已经承认自己在家也这样说话的,而且父母也经常说脏话……"

林博妈妈一听这话即刻跳了起来:"我们在家怎么可能说粗话呢?这兔崽子真能瞎说,我跟他爸爸已经分居了,怎么可能教他说脏话呢!"

我瞬间明白了原因:"林博妈妈,孩子说粗话是不需要专门去教的。当您跟先生闹情绪,彼此互不相让地发生口角,口不择言地辱骂对方时,可能忽略了身边的孩子正在看着你们,他在你们的语言对话中学到了如何用说粗话来发泄情绪!正如您所说,林博在外面结交了朋友,物以类聚,我想他的朋友也一定有喜欢说粗话的吧。作为女人,我理解你的难处,但是作为母亲,我不赞成你的做法。"

林博妈妈一下子眼圈红了,开始向我诉说夫妻之间的种种矛盾以及教育孩子的种种无奈……

青春期的孩子在成长过程中会出现不尽如人意的种种现象,不过这是再正常不过的自然规律了。孩子的成长过程,有一个明显的规律,就是"和顺期"与"不和顺期"交替出现,当他们出现"倒退"的行为时,应该是他们处在"不和顺期"的成长过程中。家长一方面没有必要对此太过担心,另一方面也要反思"倒退"的原因是否掺杂了非生理因素,即人为的环境影响。如果有后者的原因,需要及早自我反省和调整。

青少年骂脏话一半是为了释放自己内在的紧张,一半是为了让自己觉得也是"团伙"中的一员。青春期的孩子对于骂脏话是持宽容的态度的,因为当他们处于特定环境中时,会认为"每个人都骂脏话"是理所当然的。

林博说粗话,既有青少年成长过程中"不和顺"的原因,也与他的成长环境密切相关。当他在父母争吵对骂中耳濡目染之后,对自己说脏话是不会产生排斥心理的,同时他也容易与一些说脏话的社会青年走得近。在这样的群体中,他把说粗话当成"团伙"的标识之一,甚至回到学校,他以说粗话在同学当中刷存在感。青春期容易情绪失控,当林博习惯以说粗话来宣泄情绪之后,面对老师的批评,林博爆粗口也就难以避免了。

遗憾的是，林博的父母一直没有意识到孩子说粗话的问题，也没有意识到夫妻之间的争吵辱骂会对孩子的身心发展带来不良影响。作为老师，在家教干预没有明显成效的情况上，唯有在孩子的校内行为方面进行抑制矫正，以尽量减少他未来人生路上的遗憾和悔恨。

下面总结一下粗话症候群的主要表征：

(1) 情绪容易失控，自控能力不足。

(2) 粗话随口就来，没有羞愧意识。

(3) 喜欢引起他人的关注。

(4) 粗话不在于多少，有时只需一个字，说完感觉很爽。

(5) 自我要求不是很严格，喜欢追求新鲜刺激。

(6) 平时表现比较正常，责任感不强，善于人际交往。

第五节
无聊症候群

无聊是人类普遍而常见的一种情绪体验,而这种情绪体验在青春期呈激增趋势。国外曾有调查显示,12～19岁的青少年群体中有51%的人报告说很容易感觉无聊。近年来,我国台湾学者赖圣洋、林宪等对这一问题进行了深入研究,并把这些现象的集合命名为"无聊症候群"。无聊症候群就是指一个人长时间显示出倦怠、没力气、无聊、空虚、郁闷等心理特征,在一定期间内表现出逃避现实、无精打采、对学习和工作漠不关心、无法发现自己当前存在的价值、心里苦恼、与他人保持距离等。

无聊,会使人渐渐远离人群,走向孤独,慢慢失去社会连接,如不加以及时引导,就有可能导致性格孤僻,影响以后的人际交往。

 案例

总觉得没劲的佳佳

佳佳,是个聪明的男孩子,教了他五年,回想起来,竟然没有他灿烂地笑的模样,是的,我从未见他笑。在与佳佳的相处中,印象最深的,就是他的口头禅:"无聊、没劲儿、烦死了!"暑假里他的QQ签名是:"无聊!无聊!无聊!什么时候开学啊!"开学没几天,新鲜劲儿一过,他的签名改成了:"没劲儿,上学好烦啊!什么时候放假啊!"课堂上,他总是弓着腰窝在座位上,百无聊赖的样子。复习期间,面对作业,他索性罢工,任你催促,就是不动。看着他,我常油然而生面对"迟暮老人"的悲凉——这不是一个孩子应有的状态啊!

下课了,同学们都开始做自己喜欢的事情,要么做游戏,要么阅读,要么聊天,但共同的特征就是很投入,佳佳却是晃荡来晃荡去,似乎对什么都提不起劲儿。最奇怪的是,同学们都非常期盼体育课,每次上完课,大家虽很累但都很尽兴,而佳佳仍是觉得"无聊",你听:无聊死了,又是跑步啊!怎么不让我们踢足球啊!下一次,踢足球了,他一定又会生出新的抱怨。这个孩子,给老师、同学、周围人带来的常常是"负能量"!

与家长交流,佳佳妈妈也怨声连连,说佳佳在家里面对功课不愿意动手去做,而是玩网络游戏、看电视消磨时间,若对其加以劝阻,则满口"无聊"地抱怨与发脾气。

当处于闲暇状态时,佳佳觉得无聊,当面对学业时,佳佳却又无法投入,觉得没劲。我们希望学生"学就要学个踏实,玩就要玩个痛快"!可是佳佳,却对学习不感兴趣、上课没精打采、做作业嫌麻烦……学也学不踏实,玩也玩不痛快。

处在青春期的孩子,常会出现这种无聊的感觉,只是程度轻重不同。偶有无聊、没劲的感觉尚属正常,只要能够进行积极的自我调控,就不成问题。但若是长期表现出无聊、没劲等状态,我们就要重视,因为这不仅关乎孩子的学业,更重要的是关乎孩子的心理健康、关乎孩子的生活质量!在案例中,佳佳的无聊状态表现明显。

孩子的无聊状态和家庭教育(家教观念、家庭氛围、亲子沟通等)有密切关系。佳佳父母离异,母亲从外地嫁到苏州,离婚后独自带着儿子生活,在苏州没有亲戚,经济状况和心理状态都比较窘迫,婚姻、生活的不如意时常无法抑制地流露给孩子，甚至这个小男孩已经成为母亲唯一的倾诉和发泄对象，虽然母亲尚不自知。消极的家庭生活氛围，对生活的厌倦，已经深深地影响到这个少年。

此外，进入青春期，孩子的自主意识逐渐增强，他们不愿全盘接受成人安排的生活，当反抗无效或无力反抗的时候，他们就以无聊来进行消极抵抗。当佳佳在家出现种种负面表现时，母亲未能反思深层原因，反而是进一步地压制、惩罚。比如，做作业时，佳佳半天没写几个字，母亲很生气，就加倍罚做作业，而孩子则用沉默来表达反抗，这就造成了恶性循环。因此，家长和老师要站在青少年的角度，倾听他们的声音，重视他们的需求，了解他们的心理感受，给他们创设自主管理时间、自主安排生活的机会，一旦他们能从自发性的行为中体验到成就与满足，无聊、没劲的感受也就得到了有效缓解。

无聊的孩子，一方面对"被安排"的生活进行消极反抗，表现为对成人安排的生活感到无聊；另一方面，当他们拥有自行支配的时间时，他们反而不知所措，因此，他们往往通过上网、游戏、看电视等消磨时光，表现出另一种无聊症状。比如，下课后，拥有自由时间，佳佳却无力自主安排、感受乐趣，总感觉无聊。这与他缺乏生活规划与时间管理意识有关，也暴露出"闲暇生活指导"的缺失。因此，在学校教育中，可以有计划地开展闲暇教育。通过闲暇教育，让学生充分认知到闲暇时间的重要性，引导学生树立正确的闲暇观，合理安排闲暇时光，以达到充实自己，提升个人修养的目的。如果有了闲暇生活规划的自觉性，以积极的情感，创造性地投入到闲暇活动中，不仅可以学到知识，而且可以真正摆脱因消磨时间而带来的无聊、寂寞、空虚等心理困境，无聊症状也能得到有效预防和调适。

其实，身陷无聊中的孩子也想把自己从无聊中解脱出来，他们希望有人帮助他们。比如：营造积极的家庭生活氛围，给孩子树立榜样；家长反思自己的生活方式，以积极的心态迎接生活，合理安排时间，做到以身作则；教师和家长引导他们逐步学会规划，合理利用闲暇时间。这样才能帮助他们逐步摆脱无聊的困境。

下面总结一下无聊症候群的主要表征：

（1）认知层面，表现为物质需求多，沉溺于感官刺激的满足，自我中心，缺乏深度思维等。

（2）情绪层面，表现为常觉无聊、空虚、内心空洞，不知要做什么，多负面情绪等。

（3）意志层面，表现为缺乏志向与责任感，无自信，回避困难、浅尝辄止等。

（4）学习行为层面，表现为对学习淡漠、不感兴趣，无学习目标、缺乏动力等。

（5）闲暇生活行为层面，缺少有意义、持久的休闲活动和兴趣爱好，时常沉溺于网络游戏等。

第六节
网瘾症候群

《网络致死》一书中说:"电脑不做别的,只是玩弄人们对搜索的着迷……""我们正陷入空前的'网络统治一切'的危机之中,就像赫胥黎在《美丽新世界》中忧虑的那样,人们会渐渐爱上压迫,崇拜那些使他们丧失思考能力的技术,而现在这技术等同于网络。"

网络成瘾(internet addictive,简称 IA)、网络成瘾症(internet addictive disorder,简称 IAD)或病态网络使用(pathological internet use,简称 PIU),是指无成瘾物质作用下的上网行为冲动失控,表现为过度使用互联网而导致个体明显的社会、心理功能损害。网瘾的概念,最初由美国心理学家戈登伯格提出,随后匹兹堡大学的金伯利·扬博士发展完善了这一概念。随着智能手机的发展和普及,青春期孩子沾染网瘾症状的群体越来越庞大,程度越来越严重。

网瘾的背后其实是情绪与行为的失控。成人有责任与义务引导孩子控制好自己的情绪与行为。

网瘾少年小易

小易小学毕业于本市一所有名的私立学校,父亲事业成功时,忙于应酬，和孩子接触很少。六年级时父亲因经济问题锒铛入狱，因为经济原因他来到他所属的学区学校读初中。母亲的工作远在本市的另一个区，住在同一个小区的爷爷奶奶外公外婆四个老人轮流照顾他的生活。

开学第一天的自我介绍中，小易表达了自己对数学学科的喜爱，希望自己能有机会担任班级数学课代表，班主任满足了他的要求。但是很快他的数学课代表就做不下去了，不仅他自身的数学成绩不足以作为班级同学的表率，各种不良行为习惯，如出口成谎、骗取四个老人的钱财、回家作业完美而考试却徘徊在及格边缘等，都让老师和同学瞠目，小易上课睡觉的现象也越来越严重。

班主任联系了小易的妈妈，了解到，也许是为了让孩子少往外跑，减少闯祸和结识不良朋友的机会，妈妈给小易买了 iPad，为了方便和孩子联系，也给孩子配备了手机。孩子果真不往外跑了，却自此迷上了网络游戏。

小易白天在学校，晚上回家将各科作业快速应付完，就沉浸于游戏世界，经常玩游戏到很晚。四个老人对此根本无能为力，既做不通孩子的思想工作，又不敢强行没收小易的手机和 iPad。因为只要提及没收手机和 iPad，小易立即就会大吵大闹，激起孩子的强烈反弹。其反应的过激程度让四个老人都害怕导致什么严重后果，再加上四个老人本就疼爱孙子，因为孩子的爸爸入狱，妈妈又距离较远，对孙子的弥补心理常常占上风，更多的时候采取迁就和退让的做法。

很快孩子上课睡觉的现象蔓延到了早晨第一节课，孩子的学业状况也越来越令人忧虑，孩子的妈妈终于决定没收孩子的手机，当然同样激起了孩子的强烈抵制，但是在班主任的协助下，还是达成了和孩子的和解，并且就游戏的时间最终和孩子达成了协议，周末两天可以各玩一个小时游戏，其他时间都不能碰。

事情似乎得到了比较圆满的解决，孩子上课睡觉的状况确实得到了改善。只是这样的好转也仅仅维持了一周，很快孩子又开始白天上课睡觉，大部分时间有气无力、无精打采的状况再次出现。班主任再次联系家长了解情况，孩子的妈妈在孩子床下的一个鞋盒子里找到了一部手机，问及手机的来源，他说是另一个班级的孩子将手机暂时存放在他那里的。老师叫来那个孩子，那个孩子说是小易以前存放在他那里的，他现在只是还给小易而已。面对那个孩子的解释，小易沉默。

后来另一个班级的孩子家长又送交来一部手机，说是小易放在他儿子那里的，导致他的儿子现在也开始在家长睡觉的深夜躲在被窝里玩游戏；后来，小易离家出走，在本市下属的另一个县级市和一帮他的同龄孩子整天玩游戏，没钱了就问家里要，不给就对他的妈妈破口大骂……

刚升入初中的小易不可谓没有上进心，他对自己的学习生涯和前景不可谓没有美好的畅想和规划，所以他主动呈现自己的特长，并且主动提出自己的要求，期待在班级建设和个人成长过程中为自己寻找到一个适宜的位置。虽然父母因为特殊原因都不在孩子的身边，但是小易的生活并不缺少爱，四个老人甚至给了他更多的宠爱。只是父母的关注和陪伴终究是孩子成长过程中最重要、最不可或缺的一环。很多时候，我们以为每天通过话筒传递我们的问候就没有亏欠孩子，物理上的距离虽然没有影响声波的传达，终究稀释了爱的浓度，而孩子所处的特殊年龄段和特殊成长阶段，使孩子需要更多贴近他的精神需要的呵护、及时的沟通和有效的指导。爷爷奶奶外公外婆对孩子的关爱是毋庸置疑的，但是四个老人距离孩子的精神世界终究有点远，一味地迁就和溺爱终究是一场营养单一的付出，不能满足孩子青春期的多样需求，爱的过多或缺失或不当显然都不利于孩子的健康成长，也是孩子向虚拟的网络寻求精神安慰的重要原因。

作为孩子白天长时间置身的场所——学校，绝大多数最关注的还是学生的学业，而学生的学业之外的发展普遍遭到冷遇，这固然有国家教育大气候的影响，但学校领导、老师普遍缺少长远眼光，急功近利，却是导致学校教育等同于分数教育的主要原因。在这种片面强调分数的畸形指挥棒下，孩子的精神世界逐渐荒芜，精神需求日渐单一和萎缩，强大的自控力无从谈起，顽强的意志无从建构。对于已经沾染严重网瘾的孩子，家校采取的措施主要是狂堵，大多数时候我们以为只要断绝了孩子和手机的联系，就能促使孩子转移注意力，就能将孩子成功从虚拟的网络世界解救出来。缺少科学的途径，缺少有效多样的干预，缺少着力于孩子精神层面的引导和健康阳光的精神世界的营建，从虚拟世界中解救孩子注定只能是一场治标不治本的空想。

下面总结一下网瘾症候群的主要表征：

（1）耐受性增强：通常需要不断地增加上网时间才能达到同样程度的满足。

（2）戒断症状：如果暂时中断上网（数天或数小时），就会出现明显的抑郁、烦躁不安、不可抑制地想尽快上网。

（3）上网次数和时间总是比预计的要多。

（4）多次计划缩短上网时间，但总以失败告终。

（5）因上网使自己在工作、家庭、社交或经济等方面受到严重影响。

（6）因亲友的抱怨而尽量隐瞒上网的种种行为。

（7）虽然意识到上网带来的严重问题，但继续在网上花费大量的时间。

第七节
表现欲症候群

表现欲症候群指在青春期发育阶段的孩子容易产生强烈的表现欲望,特别是在集体或人群中,喜欢用各种方式"秀"自己,以引起别人对自己的关注。有的孩子喜欢以特别显眼的服饰来吸引注意力,有的孩子以大声说话来吸引眼球,有的孩子则喜欢以"顶嘴""耍贫"来引人注目,等等。

好表现的背后可能是缺少关爱与呵护,为了引起注意而好表现。关注每一个孩子,对教师而言,绝不能仅仅是口号,需要的是实实在在的行动。

 案例

家访干儿子

我们学校每年都有一个传统的活动,即九年级每位老师认一个学困生做干儿子或干女儿,成成是我认的干儿子。

听说他父母比较崇尚西方的教育,对我们学校的教育包括老师的反馈意见一直是表面敷衍实则不配合。如果有问题,也许根源就在这里。既然认了干儿子,就得有所付出,我决定去家访一次,摸一摸情况再考虑采取什么措施。

我先找干儿子谈话，表示希望去家访的意愿。没想到他是百般阻拦推脱：

"好啊，等我和爸爸妈妈说一下，你们约个时间到附近咖啡馆或茶馆都可以的。"

"哎呀，老师，你千万别来我家啊，我们家很乱很乱的啊！"

"我爸妈他们很忙的，没有空。"

"这样吧，老师，等我和爸爸妈妈商量一下再告诉你时间吧！"

两天之后，没有回音，我拨打了成成妈妈的电话，也是一波三折。

"成成让我们选一家附近的咖啡馆或者平江路上的茶馆，然后约您一起聊聊，那里环境比较安静，适合交流。"

"如果老师一定需要到家里，我们工作日都很忙，您看晚上合适呢，还是双休日过来？"

终于约好了周六下午1点到2点我去家访。周五早上醒来，我发现了一条未读短信：吴老师您好！因为我先生明天去上海出差，原计划明天下午的家访您看要不要推迟到晚上？（可能要晚点哦）

终于走进成成的家，母子俩很客气。妈妈表现得很热情，似乎很有品味的样子。门的后面张贴着一张很大的表格，是一张奖励孩子的加分项目：准时起床、收拾桌子、做作业、参加一些活动、帮爸爸妈妈做事等等。我没有发现对学习成绩的要求。成成的房间也整理过了，书橱和书桌上到处都贴着提醒的纸条，很像临时贴上去的，看着挺新的。家长可能是想以此告诉我，他们是很注意培养孩子良好习惯的，而且办法很人性化，理念很先进。事实是这孩子习惯很差，总是漏记作业或不记作业，试卷总是找不到，作业经常不做，桌子上永远乱糟糟，而且永远有借口……

成成妈告诉我，她是做员工培训工作的，自己开公司并且还在攻读研究生。他们很注重孩子的能力培养，很小的时候就一直把他当作伟人来进行专业培训的，特别是演讲口才方面，这孩子是很棒的。只是目前发现这孩子在学习方面越来越困难，就是沉不下心来。

当然，成成父母对儿子的未来充满信心，他们都深信自己的孩子能上重点高中。但是就成成目前的成绩来看，他上普通高中都很危险。这之间的落差实在太大了，好高骛远势必造成眼高手低。

成成的父母，在孩子还不理解字义的情况下训练孩子拼读，其实就是进行孤立的感觉器官和肌肉的训练。杜威说，"动作和目的的分离状况使它成为机械的动作"，因为养成了机械的习惯，之后想要理解地阅读就困难了。"他的发音器官受到孤立的和机械的训练，不能把意义随意加上去"，最终导致"把身体缩小到造成身心分离即身体和认识意义分离开来"的结局。成成早期接受培训的时机不合适或者培训时忽略了一些专注性品质的培养，于是成成一旦在人多的场合就特别容易兴奋，制造各种情节引发别人对自己的注意。所以在教室里，当他不能成为众人焦点时他就开始走神，注意力涣散，一旦有一些意外发生，他立即就会借题发挥，用搞笑、接话茬把全班的注意力引到他的身上。而需要一个人独立完成的做作业和整理资料的工作，他几乎就不能按规定完成。

成成父母表示愿意配合老师一起矫正孩子爱表现的问题。在友好、客气的氛围中，我结束了这次家访。

成成的父母一直没有意识到在培养孩子的过程中有失误，而且一直以孩子超常的语言表达而骄傲，进一步鼓励了孩子为了展示自己、表达自己而经常打断同学和老师的发言，很不礼貌地在课堂上狡辩以满足自己的虚荣。当老师与家长沟通这个情况时，家长觉得老师的观念是错误的，扼杀了他孩子的表现欲，打击了孩子的自信，导致孩子在课堂上更容易顶撞老师，甚至以不尊重他人、不遵守课堂纪律来引人关注为乐。

范梅南说："我们必须能够分析、把握和理解孩子的情境。我们应该针对孩子的情境，依据我们与孩子所处的关系作出行动。"很多人只做到第一步，如成成的父母，这一点他们做得很优秀。做到第一步的老师或者家长可以与孩子保持很好的互动关系，但教育的情境是成人在理解孩子的基础上必须对孩子作出有教育意义的指导性的行动。成成的父母在孩子出现表现欲症候群时，更多地选择了盲目妥协，听之任之。如果老师再一味地指责学生和家长，则说明我们对教育情境指导性的把握还有很大的距离需要跨越。

像成成这样有表现欲症候群的孩子很多，青春期因自控能力不稳定，时有突出表现，更多的孩子随着成长会自动调适自己，不断完善，良好的语言表达会成为他们优秀的品质。像成成这样因父母不合适的专门训练而造成困扰的情况不多，如果老师和父母能相互配合，在孩子青春期时能够进行矫正，并长期坚持下去，孩子是有巨大的发展潜力的。

下面总结一下表现欲症候群的主要表征：

（1）表达能力出众，超过思维发展能力。

（2）自控能力较弱，不太顾及他人感受。

（3）喜欢钻牛角尖，优越感较强。

（4）缺乏专注、坚韧和持之以恒的品质。

（5）智商情商正常，自我认知偏高。

（6）人际关系良好。

第八节
压力失调症候群

"压力"一词来源于拉丁文"stringere",原意是"扩张、延伸、抽取"等。压力是来自躯体、精神或情绪,来自内部或外部的任何不良刺激的生物学反应的总和。最早系统地提出压力理论的加拿大学者塞里认为,压力是内外环境中各种因素作用于机体时所产生的非特异性反应。所谓非特异性反应,是说各种各样的不同因素都可以引起这种反应。

青春期孩子遭遇着来自身体和心灵、内在和外界千变万化的刺激,一旦不能良性接收和顺应,就会出现压力失调。压力失调不仅会导致情绪不稳、焦躁不安、紧张易怒、恐惧多疑、悲观抑郁等精神反应,还有可能引起身体不适,比如身疲乏力、记忆力衰减、消化不良、神经性疼痛等。

压力是需要的,但过度的压力只会事与愿违。

 案例

不抗压的中学生

(1)多年前的一位学生小倩是个有点男孩子气的女孩,但进入初二之后,她活泼爽朗的画风大变,总是一副皱巴巴的焦躁表情,似乎有说不出的苦；而且不知从什么时候起，喜欢抓扯自己的头发，一头枯草似的黄发被她扯得稀稀拉拉。同她聊天，说不上三句话，她便会狠狠地来一句"烦死了！"是什么原因让她烦死了呢？不会做的题目越来越多，考试成绩越来越差，父母也吵得越来越频繁，有时还打骂她，跟同学之间的相处也不如意，曾一起玩的男孩子不愿带她玩了，对女孩子们玩的东西又不感兴趣……面色瘦黄的小倩好像生了病似的。好在她有一副靓丽的歌喉，初二下学期被评弹学校提前招收了。不到半年，回校看老师的小倩留起了长发，面色红润，目光清宁，活脱脱一个青春美少女，让人难以想象那假小子和黄毛丫头的"前身"。

（2）坐在讲台旁的小朱上课时常常目光游离，张着嘴巴发呆。冷不丁叫他名字，他会吓得一激灵。一篇平常的千字文章，读完之后也不能复述大体内容；背诵课文比上刑场还艰难，常常因为背一首古诗被母亲逼迫着熬到深夜，第二天醒来，又全忘光。为了专心做作业，他会把头环抱在双臂之间以阻隔干扰，可是，你也只能看见他不时甩甩头颈，笔下毫无进展。而每当课堂里有人犯了"低级错误"，他总是哈哈哈笑得最响亮最起劲的那个；每当窗外有人走过，他都会"深情"地目送到底，或伸长脖子探求动静。声称为了他的学习而辞职在家的母亲常常抱怨这孩子很不像自己，一道题给他讲了多少遍还是弄不懂。

（3）小沈是个十足的散养的孩子。父母工作忙，学历也不高，从来不管他的学习，对他也没有要求，他自己似乎也乐得混日子。到了初三，新增加的课程和周围紧张的学习氛围让小沈突然不适应了。找不到玩伴的他，每天无精打采，面无表情，眼神空洞，上课不是睡觉就是发呆，作业基本不做，每周的随笔倒是能交，但每次都是短短两行，字迹潦草，几乎无法辨认。找他谈话，即使用金刚钻也敲不出半个字，对他发火，也毫无反应。

（4）初二上学期期中考试前，一向勤勉踏实的J突然接连一周没来上课。从班主任处获悉，他先是感冒了，请假。但感冒好了之后也不愿意来学校，因为每天的物理"过关"让他感觉很有压力。渐渐地，他妈妈要求各科老师不要过问他的作业，即使如此，J还是没上完一个学期就休学了。初三上学期，Z也只上半天学，或是全天不到校，问其原因，说一到学校上不了一节课就呕吐，于是班主任只好让她回家休养。然而她在家并不好好休养，而是常躲在被窝里打着手电筒做作业。S的表现则是一上课就睡觉，身体越来越胖，行动越来越缓慢，他的父亲觉得是因为学业压力过大，老师们也不再敢对她有学习方面的要求。而已经休学一年治疗有所好转的H同学，重新回到学校似乎病情更重了，从体育课上昏倒，到文化课上昏倒。口语模拟测试当天，在家时状态还良好的她被母亲护送到校，还算正常，可一到候考室门口，她又昏倒了……当然，H同学的昏厥有其病理基础，但压力无疑成了更加频繁发作的催化剂。

人们常说，没有压力就没有动力。适当的压力能促进人体内生发积极的生理和精神因素，从而提升思维，推动行为，获得走向成功的动力。但如果压力过大，不仅无法调动起积极因素，而且会给情绪、思维、行为甚至身体带来损伤。不管是情绪焦虑的小倩、目光游离的小朱，还是感冒不愈的J、嗜睡的S、经常晕倒的H，除了身体的一些病理因素之外，外来的压力无疑对他们构成了一定的威胁，他们因为没有找到面对压力的正确方式和平衡点，所以表现出前后差别甚大的症状，而一旦脱离了过大压力环境，他们的改变是显而易见的。但是，完全没有压力也容易让人迷茫无措、思维迟钝、生活无趣，如上文中的小沈。

压力可能来自家庭的过高要求，也可能源自自身定位的不切实际，有时环境氛围也会带给人压力。能正确认识自我，正确看待压力，就会减少学习、成长中的许多不适应状态，就会更有效地避免由于压力带来的情绪和生理伤害，顺利度过身心发展不平衡的青春期。

下面总结一下压力失调症候群的主要表征：

（1）情绪类，表现为着急、焦虑、抑郁等。此外，过分悲观、紧张、恐惧、多疑、易哭、沉默等，也是压力失调在情绪方面的常见表征。

(2)思维类,表现为思维迟钝,注意力涣散,或完全失去思想与行动的兴趣和能力。

(3)生理类,表现为轻则疲累乏力、失眠或嗜睡、厌食或暴食,重则身体疼痛、恶心呕吐甚至昏迷。

第九节
狂躁症候群

狂躁症是一种情感性精神障碍。遗传因素、体质因素、中枢神经介质的功能及代谢异常、精神因素都是狂躁症的诱发因素。狂躁症候群并非病理上的狂躁症,而是指青春期孩子一种调控失当的情绪表现,比如:情绪失控,突然暴怒或痛哭;不善于控制自己的行为,喜欢惹是生非;对分歧和意见无法接受,极度抵触批评甚至有暴力化倾向……青少年狂躁症候群与精神狂躁症有一些相似表现,如果引导和调节得当,狂躁症候群和其他青春期情绪表现一样是可以逐渐消解,归于正常的。

 案例

全班公敌小喆

1. 引人注目的出场

接手9班的第一天,班主任就隆重推介了他——小喆。第一节课,我就注意到坐在讲台正下方的他,浓眉大眼,满脸横肉,胳膊粗壮,体型健硕。刚踏进这所陌生校园的他毫无新生的拘束与试探,他时而大声发言或爆笑,时而了无情绪地在自己的草稿本上涂鸦。一下课,他就堵在我面前,手里拿着一个小本一支笔:"老师,你的手机号码是多少?我妈要第一时间和你联系!"似乎有天大的事情亟待解决。

接下来的日子,小喆每到下课都会冲到我面前谈自己的一些独到见解。"老师,其实,诸葛亮根本不可能那样神机妙算吧,我查了查……""老师,你说拿破仑和希特勒哪个更伟大?我觉得……"他随笔里的文字常有一些半文不白不着边际的话,页面上还有一些横七竖八的零星"插图"或"个性签名"。上课时他常常游离于课本之外,不是发呆就是在桌上涂涂抹抹,一张课桌墨迹斑斑,几乎找不到半厘米干净的空隙。

2. 惹是生非成公敌

小喆在办公室里出现的频率渐渐高起来了,一会儿因为和同学在课间打闹过分被督察员记名字了,一会儿因为在体育课上和同学打起来了,一会儿因为在自习课吵嚷辱骂同学被告发了。上课时,不停地用笔戳前排的女生;下课后,和一群小男生"打"成一片。而且,战火还不断延及外班,一周之内,先后和2班、1班、10班交手,几乎每次都是以一敌众。

第一篇作文写的是《走进中学》,小喆历数自己在进入中学后短短两周时间犯过多少错误,又对比小学时的自己,说明现在的他已经收敛很多,若在小学他会怎样变本加厉……似乎是在炫耀辉煌的历史。

他的座位从讲台正下方被换到教室北边靠墙的窗口,近距离直面空白的墙角。班主任说,他把周围的同学全得罪了,没有一个同学愿意与他为邻,甚至有家长投诉,要求班主任把自己的孩子和他隔离。进入中学不到一个月,他就成了全班公敌!这个可悲的小孩!据说小学时他就坐在教室最前端紧靠黑板,现在又"故地重游"了。

坐到前排角落的小喆,上课少了很多言语,倒不是因为心境的孤单落寞,而是他周围压根就没有左邻右舍,他激动的时刻手舞足蹈着四处寻找诉说的对象却碰上冷冷的墙壁和冷冷的空气。下课时的他似乎比以前更活跃,总是拍拍这个的桌子,碰碰那个的椅子,扯一下这个的衣服,撞一撞那个的肩膀……有时我会叫住他:"小喆,你能不能跟人打招呼时友好点儿？"他就在我面前连连鞠躬认错："哦老师对不起！哦老师对不起！哦老师对不起！"

期末临近，教室里常常是一大片埋头奋笔疾书的景象。唯有小喆无所事事，或趴在桌上酣眠，或百无聊赖四处张望，或突然间莫名其妙地出声念念有词，或于满堂寂静时霍然起身"砰"地关上后门。大概因为无聊，他在寒风肆虐的冬天早晨居然穿着单薄的短袖炫那饱满的肌肉，而同学在最近的随笔里屡屡揭发他于课间强吻另一男生的"恶心事件"……

3. 敏感的矛盾体

秋游的早晨，小喆在游前早课上大嚼零食，我把他的零食包暂时放到了讲台上。临行，班主任到教室得知这一事件，于是半开玩笑半责备地说："既然你一大早就吃好了，这些剩下的就分给大家吃吧。"话音未落，小喆浓眉倒竖，猛一拍桌子："我不去了！"随即冲出了教室。集合整队完毕，不见他身影。一圈好找，发现他在厕所不愿出来。大队人马出发后，他在电话里向他妈妈哭诉自己被班级抛弃了，引得家长愤而投诉老师。

秋游之后，他没有再交过一次作业。几个任课老师轮番发短信给家长，均石沉大海。班主任实在忍不住打电话过去，家长说："我们孩子比一般孩子更叛逆，现在他正处于叛逆的顶峰时期，你们还是对他宽容一点吧。"并让班主任转告各位任课老师，不要问他要作业，其他违纪事件也尽量大事化小，小事化无。于是他成了9班的特殊成员：有权享受义务教育，但没有义务完成各科作业。同时，应家长要求，小喆的座位调到了最后一排。

敏感的小喆当然能感知到这种"特殊待遇"，却没有如愿以偿地快乐。他内心似乎隐忍着什么，表面又装得若无其事。每当下课后从后门出教室，经过他身边时，他总是高声说："我们最最亲爱的老师走了，再见！"但当老师踏出教室门那一刻，他便立即"砰"的一声把门关上，似乎在发泄他心底的失落和愤恨。

期末，每一份复习资料照例发给他，但他从不做也不交。有一天，我布置学生回家整理最近的复习卷装订成册时，他走上讲台，满含义愤地发问："老师，我没有复习卷，怎么复习？"我说："我每一份资料都是发的38份，你为什么会没有？"他不回答，仍是瞪着充满怒气的小眼睛，说："可是我的确没有啊，怎么复习？"我只能说："我并没有要求你复习呀！你爱怎复习就怎么复习吧。"不知哪根筋移了位，他突然很诚恳似的说道："我真的想好好的呀！我真的很想好好的呀！……"

4. 自省时刻

久已不做作业的小喆强抢了他已经脱离许久的小组的流动随笔本，一口气写下好几篇随笔。摘录片段如下：

可是，神又似乎很善于开玩笑，无情击碎了寂静，一个缥缈的声音在最深处回响："意志的力量是要由行动去实现的。"一道冷意从脊梁下透上来。不错的，曾经在洁白的纸上书写着激昂的誓言，亦曾经被老师寄予过期望。但我始终没有改变，我觉得我甚至还玷污了可怜的纸。不知道老师失不失望，总之我很失望。每次总能看见两双无奈的眼睛，一双是老师的，一双是母亲的。口中麻木地咏道"老师，我错了"，"我有错，我悔过"。这才是真正的虚伪与无力。（摘自《渴望》）

上小学的时候，我很"不羁"。爱在硬邦邦的课桌上坐着，狂笑。那时爱打架，爱玩电脑，却不喜欢老师。我还学会了骂人，我对它的认知是：骂人是人类发泄情绪的一种极佳方式。母亲几乎每周都要来我学校与老师开展"丰富多彩而具有意义的谈话"。大家都远离我了，像看怪物似的看着我，我的心里被挖了一个无底洞。我空闲之余便看看书，多积累积累知识，培养情感，想填补这个洞。

……

命运的秋季悄悄降临，周围的人们都裹上了围巾，披上了大衣。我还在穿着中裤套短袖，众人离我愈来愈远了。我却仍不知所措。现在的我看那时的我，自然是可笑的。但——是——那时的我并不知道啊！我的内心变得森冷、诡异。可依然有人无时无刻在温暖着我，想把我冰封千里的内心融化，怎奈我冷漠依旧。心其实是我自己封的，只有自己想通了，我才会真正地"活"过来。不是吗？

时常喜欢将自己关在死气沉沉房间里，蒙头大睡，在幻境中放肆地哭与笑。喜怒无常的我慢慢爱上这种生活，装得变态而颓丧。（摘自《青春》）

怎样的小喆才是真实的？现实中阴阳怪气、蛮横无理、欺蒙无赖，文字里却如此诚恳与挣扎。

周末，我让他把自己的随笔打成电子稿。他又添了一段附记："再读的想法：因为很多因素，暂时想通了，便写下来，给另一个不理智的自己看：'青春是个镜子，你笑它便笑。'让自己轻松一些吧，青春尚未结束呢。好好地走下去吧，才会觉得青春是沧海中的明月，心田里最莹润的白璧。"

然而，就在下个周一的早上，小喆又在英语默写时突然起身把默写本撕个粉碎，并和老师发生冲突，中午他妈妈来到学校，母子二人又是一场激烈的争吵，然后三方不欢而散。

初二下学期，小喆终于休学了。据说后来进入了一所民办封闭式学校重读一年初二，两年之后，他以优异的成绩考上了本市重点高中——苏州中学。

小喆出身知识分子家庭，父母都是高校干部，对其要求较高。从小学到中学，家长对他在学校的表现关注比较多，因此与老师互动较多。这也是小喆第一次见老师就索要电话号码的原因。但正因为此，小喆对自己的关注度较其他学生更高。但是，这个身形强壮、精力充沛的孩子和其他学生一样，有自身智力、情感、意志品质等方面的不成熟，难免有达不到家庭或是自己设定的预期的情况。理想与现实之间有差距本属正常，然而，不能正确认识和悦纳自己（或孩子）的不足，就容易产生过重的精神负担，进而情绪焦虑、急躁，调控不当而又不愿意压抑自己，就会表现出狂躁的特征。

小喆的智力较为出众，对自己的认识评价很高，总希望自己是人群中最为独特的那一个，所以他会用怪异的书写和独到的见解引人注目，而当他因为没有认真复习而连英语默写都无法达成期望的时候，他无法接受自己的"无能"，于是愤而撕碎默写本。他对友情的渴望使他愿意主动跟人交流，可是因为缺乏平和谦恭的态度，他的"示好"常让人感到有侵犯性，于是，交际的挫败感又加重了他对自己的失望和对环境的敌视。冷静时刻，小喆是能正视自己的，他随笔里的反思真诚恳切，是那个最真实的自己。只是，大多数情况下，家长、老师和他自己都缺乏这样冷静而客观审视的心境，于是，另类的狂躁愈发不可控制。

下面总结一下狂躁症候群的主要表征：

（1）思维敏捷，联想快，涉及范围广，跳跃性大。

（2）精力充沛，表情活跃，言多好动，注意力不集中。

（3）喜怒无常，乱发脾气，喜欢骂人并损毁东西。

（4）自我评价过高，认为自己能力最强，偏好妄想。

（5）好交际却不懂分寸。

（6）行为轻率，不顾后果，具有冒险性。

第十节
叛逆症候群

个体都珍视自己的自由感和自我效能感。所以，如果社会压力非常明显，以至于威胁到个体的自由感时，他们常常会反抗，这就是所谓的叛逆。想一想罗密欧与朱丽叶，两个家族的对立，反而加深了他们的爱情。我们再想一想儿童，他们通常通过叛逆父母的命令来维护自己的自由和独立。所以精明的父母通常不会生硬的命令，而是让孩子自由选择："到了洗澡的时间了，你想要盆浴还是淋浴？"

——戴维·迈尔斯《社会心理学》

叛逆的阿林

阿林毕业于本校小学部，在知道他分到我的班级以后，一个同事因为其女儿和他小学同班，很了解他，就透露这个孩子行为习惯很差，在小学部赫赫有名。从他在校的种种表现来看，似乎并没有什么让人过目不忘的举动，顶多有点调皮，有点懒散，不太爱学习，特别不爱英语。

有一天孩子没来上学，于是我第一次见到了他的父母。他们一家应该是来自东北的新苏州人。父亲是驾校教练，身材不高但壮实，脸部表情严肃,据说脾气暴躁,整个小学对孩子奉行的是棍棒教育,遇事非打即骂。孩子小学时还好,因为小,对父亲的暴躁和野蛮表面上表现得很驯服。母亲在一个卖场做管理,除了说话的口音像东北人,语气柔和,表情温婉,更接近于苏州的地域特点。这次因为孩子周末想骑电动车去培训机构,而父亲不同意,父子之间爆发强烈冲突,当父亲再一次对孩子动手以后,孩子直接从二楼(一楼是车库)窗子跳了下去。

原来前一天晚上,这个孩子就和他的父母亲发生了冲突,他在上厕所,他的父亲推门而入,进去就责问他又在干什么,口气中满是怀疑,孩子很生气,觉得父亲侵犯他隐私。晚上十一点多了,他还要用手机,妈妈不让,觉得时间已经很晚了,应该早点休息,孩子发怒了,甚至对妈妈动了手,而妈妈右手的一块青紫印记以及妈妈说起这事时脸上悲戚的神情,都证明此事确乎发生过。

孩子后来很晚才回家,并且坚持不去上学,妈妈很无奈,而坐在旁边一向很强势的爸爸沉默着,脸上写满无奈。自从进入初中以来,孩子的脾气越来越大,越来越暴躁,和父母说不上两句就开始发怒,要么怒气冲冲摔门离家而去,要么任你说他自顾一言不发,沉默中满是不屑。他日益长高的个子(身高已经超过其父母良多)和日益见长的脾气让原来占据上位的父母感到尴尬。而这次的跳窗举动更是切切实实吓坏了父母。在孩子的生命和健康面前,任何望子成龙都是苍白的,此时父母最大的愿望不是孩子求学之路上获得怎样的辉煌,而是孩子能顺利度过初中三年。

孩子和父母之间的紧张关系的源头到底在哪里?一篇随笔揭开了谜底:

生活,如同神的布局等着你踏进去,一步步沦为他的笑柄。

放了热水,舒服地泡着热水澡。大概是太热的缘故,整个房间渐渐变得浓稠起来,十分讲究地躺在浴缸中,突然忘却了一天的劳累,看了一眼墙上的钟:九点十分。

斟酌着这次的写作素材，舒适的水温几乎要使我睡着了……

猛地，眼前的白雾不知什么时候变得浓得什么都看不见了。挣扎着，想要摆脱这浓雾的束缚。

突然，眼前一亮，看见了那熟悉的身影，一个孩子被几十个人围在一起打。

"不！"我痛苦地叫着，这熟悉的场景不正是小学时我的遭遇吗？想要起身反抗，身上却压着五指山般沉重的丘壑，动弹不得，只能在原地，无奈地、急切地哭着叫着："不要啊！为什么要让我回忆起这段不堪啊……"

那十几个人走了，"我"拖着遍体鳞伤的身体回家了。"不，不要回去啊！那个人会打你的，跑啊！"但，不管我怎么喊他都听不见，依然大步天真地走回家。

"爸爸，我……""啪！"一个巴掌拍在"我"脸上。"混蛋！你怎么又去打架！不好好学习！"接着，又是几个拳头打在"我"弱小的身体上，不一会儿，"我"便无力地倒下去。"可恶啊！不准打他！"我声嘶力竭地喊着，然而什么用也没有，两行泪水早已不知什么时候流了下来。

"滚回去！"那个叫作爸爸的人命令"我"道。浑身抖个不停的"我"乖乖地走回房间，拿出一张考了100分的数学卷子，默默地躺在床上，一个人低声哭泣，怕声音大了又要引来一顿毒打。

"啊！"

我惊惧地喊叫着猛地坐了起来。墙上那只钟默默地指向了九点三十分。

在和孩子的进一步交流中了解到，小学时，孩子因为身高偏矮和比常人厚得多的嘴唇，在班级中一直处于受嘲笑和受欺负的位置。一开始，他在受欺负时会告诉父母，父母让他向老师反映，他告诉老师，但是老师也没能遏制住其他男孩子对他的排挤，欺负依旧继续，于是他就不再告诉老师了。有一天，当班里几个人高马大的男生又开始欺负他时，他没有听之任之，而是奋起反击，虽然还是被那群男孩子打得鼻青脸肿，但是回击的拳头让他心理上不再像以往一样憋屈。可是回到家，父亲看到他的样子，没问青红皂白，就以他在外面和人打架又把他打了一顿，边打边责骂他，并且勒令他不可再在外面和人打架。那天，他躲在被窝里哭了一夜，父亲母亲都不知道，直到我把这篇随笔发给了他们。

阿林在成长的过程中遭遇了来自同学的精神羞辱和暴力欺凌，在自己极度缺失安全感时，本来应该给予他安慰和保护的父母和老师都没有给他带来温暖，中止暴力，他最终只能寻求自我保护，而这种自我保护又受到了来自最亲的人的完全否定和暴力碾压。随着年龄的增长，孩子的生理和心理都在发生着肉眼可见的变化，但是父母对孩子的认识却并没有随着孩子的长大而有相应的改变，和孩子的沟通交流以及教育方法也并没有日渐丰富，学校老师也未能及时有效阻止孩子们对他的侮辱。当变化遇上不变，碰撞和对抗就必然爆发。

下面总结一下叛逆症候群的主要表征：

（1）脾气暴躁，容易冲动。

（2）具有很强的逆反心理，容易认同不良思想倾向，无端否定正面或先进。

（3）思考问题比较自我。

（4）有或轻或重的厌学情绪。

（5）有比较明显的自主意识萌芽。

CHAPTER3

第三章

青春期症候群的产生和家教溯源

第一节
正视第二次站立,排解内心冲突
——与自我成长密切相关的几大症候群成因分析

青春期是儿童期的结束,孩子会出现显著的身体变化,特别是心理方面的变化。如果婴儿从爬行到步行是人生的第一次站立,那么青春期就是他们人生的第二次站立。第一次站立是身体上的直立,第二次站立则是认知意识上的独立。心理成熟是一个缓慢的过程,青春期内心的不断冲突和排解可能要延续到成年。

一、青春期孩子的成长密码

青春期的主要问题是寻求同一性,包括职业、性别和价值观念等因素,埃里克森把青春期的心理社会危机描述为同一性混乱。在这场危机中,应该学到的美德是忠诚。

1. 同一性和同一性混乱

埃里克森认为,青春期的主要任务是建立同一性与防止同一性混乱,以便将来成为独一无二,有着一致的自我认识,能在社会上发挥自我价值的人。

> 案例

晶 姐

初二女生晶晶在班级里可以说是呼风唤雨，虽然成绩在班里倒数，但是身边总有几个女生围着她转，甚至一些男生也得看她眼色，据说她跟社会上一些不良青年也有来往，江湖人称大姐大"晶姐"。新接班的郑老师为了踢破她的小圈子，竟遭到她的投诉。一天晚上，郑老师接到晶晶妈妈的电话，说晶晶很晚都没有回家。于是郑老师就跟家长一起根据同学提供的线索找到一家酒店，晶晶竟然在外面跟人开了房。（老大症候群）

埃里克森认为，男性只有在获得稳定的自我同一性以后才能够发展真正的亲密关系，而女性则通过亲密关系来获得自我同一性。在青春期，自己值得他人信任开始变得重要，青少年把信任扩大到导师和所爱的人，信任的延伸就是忠诚。在分享想法和感情时，通过观察所爱之人作何反应来确定同一性。而像晶晶这样的青少年则遭遇了同一性混乱的危机，青少年大多数的无秩序行为以及混乱的自我意识都是同一性危机造成的。小团体意识和无法容忍意见分歧，都是他们抵御同一性混乱的表现。

2. 青春期最核心的成长

青春期最核心的成长，就是人际关系的成长，它是成长中最难、最大的挑战。与他人的接触，与他人之间的冲突，让青少年感到快乐又痛苦，而与父母的关系更是青春期孩子必须解决的首要关系。

> 案例

冷漠的寒寒

寒寒上初中了，寒寒妈却发现孩子变得越来越陌生。寒寒往往远离他人，尤其是远离父母。在寒寒父母跟老师沟通后，班主任找寒寒谈心。寒寒说:"我妈妈担心我们之间亲密的母女关系会从此疏远,可是,我就是不想跟任何人有什么亲密关系!我生气的时候,会对她吼叫,但是并不代表我心里真想对她那样。"寒寒妈很伤心,她不知道为什么自己就成了孩子眼里最令人丢脸的人、最笨拙无能的人,而且总嫌弃她不如"别人家"的妈妈。(冷漠症候群)

在青春期孩子的心目中,公共场合下的父母就代表了他自己,而父母又往往不能令自己满意。因为觉得父母做的事情太"跌份"了,所以亲子关系开始疏远就成了必然。

一个人的孩童时期最主要任务是脱离父母的怀抱,靠自己的脚站起来,从依顺阶段走入独立阶段,这个过程中要经历很多艰难。而青春期孩子与父母之间的纠葛,更是比以往任何时候都更激烈。不仅要为了从父母那里获得自由而抗争,还要跟自己相抗争。走向独立的动力固然强大,但独立本身就是一件很让人挣扎的事情。因此,夺取自主权的战斗不仅发生在外部世界,也发生在自己的灵魂深处:他既渴望自由的快乐,又离不开有人依赖的益处。

青春期孩子最为重要的事情就是处理人际交往,结交新朋友、维持朋友关系或者没有了交情。大多数青春期少年往往有一大堆朋友,但他们偏好独处。有些孩子在这个阶段可能朋友很少,或者只有一个。

3. 对喜欢的事情充满热情

青春期的孩子会有很多事情要忙,而且在他喜欢的一些活动上忙得兴致勃勃,满腔热情。他们的热情可能倾注在一条小狗身上、一项体育运动项目上或者电视明星八卦上,甚至是热衷于一场辩论。

篮球小子

八年级的宁宁迷上了篮球,向家长要求放弃学业去上职业体校,并且声称为了篮球就是要一条道走到黑。为了疏导他,班主任吴老师跟家长商定找来职业队篮球教练,对宁宁的篮球基础进行测试,教练告诉宁宁:拼抢和弹跳很好,但是动作不够规范,所以现在进职业队基本无望。但是接下来如果加强专业训练,将来可以参加大学生职业联赛。从此,宁宁除了刻苦学习,争取早日考上大学之外,就是天天抱着一只篮球,身穿宽大的NBA背心短裤,脚穿限量版耐克鞋,以NBA明星的形象出现在校园里。就连大冬天在教室里,也是在羊绒衫外面套上一件宽大的NBA背心,以表示自己对篮球的无限热爱。(表现欲症候群)

孩子的抽象思维能力在青春期开始迅速发展,他们对一般的问题,能够透过现象进行概括和总结,而到了高中阶段,逻辑思维、创造性思维迅速发展,他们能够从不同的角度多维地、立体地考虑问题,并且通过综合、分析、推理找出本质和规律。所以,青春期的孩子好辩论,喜欢钻牛角尖,打破沙锅问到底,敢于挑战老师和家长,呈现出初生牛犊不怕虎的闯劲。然而,有时由于缺乏交流技巧,容易遭遇挫折。

青春期孩子的心理可以用疾风骤雨来形容。他们富有理想和抱负,对喜欢的事情充满热情。因为对现实缺乏了解,所以他们容易好高骛远,而在现实面前又容易心灰意冷。

二、机遇与风险并存的青春期

青春期是成长的时机,在11—14岁期间,不仅孩子生理方面迅速成长,认知社交能力、自主性、自尊和亲密感也发展迅速。当然,这个阶段同样伴随着危险。有些青少年在处理这么多突如其来的变化时会力不从心,可能需要其他人的帮助才能够克服这个时期的危险。

青春期一个重要的生理变化就是发育期的到来,这是一个通向性成熟或者发展生育能力的过程。传统观念认为,青春期和发育期开始于同一时间,大约在13岁。但西方社会有研究发现,在不到10岁的孩子身上就看到了发育期的变化，于是青春期开始被定义为 11 岁到 19 岁或 20 岁。

发育期是由于性激素以及相关激素分泌的增加而引起的，青少年早期的情绪波动明显，喜怒无常，这与激素水平的变化有关。像忧虑和敌意等负面情绪以及女孩的抑郁症状，也都是随着发育期的开始而出现的。男孩和女孩的生长速度不同，外形和体形也是有区别的。一般来说，11—13 岁这个年龄段里，女孩比男孩更高更重更强壮，因为男孩青春期的快速发育比女孩要晚两年。

家庭关系会影响孩子青春发育期的进程，尤其是女孩与父亲的关系显得特别重要。有一项研究表明，那些在学龄前和父母保持亲密和谐关系的女孩，尤其是有一位充满深情的、参与度高的父亲，比那些和父母关系疏远冷漠或者被单亲母亲养育的女孩，进入发育期的时间往往会比较晚。

之前很多科学家认为，到发育期时，大脑已经完全发育成熟。但现在的脑成像研究表明，青少年的大脑仍然在发育。从发育期到成年早期，大脑结构会发生明显的变化。这些变化会影响个体的情绪、判断、组织行为和自我控制等多个方面，同时也解释了青少年容易情绪失控和做出危险行为的原因。[①]

三、给老师和家长的建议

正如我们看到的那样，青少年的发展并不是在真空中进行的，家庭和学校环境对青少年生理和心理的健康发展起着非常重要的作用。

1. 可以不认同，但必须尊重

正常的青春期的孩子对功课一般都会有浓厚的兴趣，对争执与辩论

---

① 黛安娜·帕帕拉等：《孩子的世界——从婴儿期到青春期》（第 11 版），郝嘉佳等译，人民邮电出版社，2013 年 1 月。

格外偏好，家长和老师可以很好地利用孩子的这一特点。哪怕你不认同孩子的观点，但是必须尊重他们的表达。一旦这个年龄的年轻人认为你真的能够尊重他的聪明才智，往往会愿意在你的引导下对问题进行更深入的思考和探究。

我不要上补习班

因为工作调动，读初中的儿子又跟着我转学进了新的学校。因为不适应，成绩滑入了班级倒数。我和他商量，要不要找老师为他补一补功课，他坚决地反对："相信我，妈妈，不用补课我也会追上去的。"他开始疯狂地做数学题，不到一个学期，他几乎成为了班级的数学霸主。初三毕业的那个暑假，他的所有同学几乎都进了初高中衔接补习班。我问他有什么想法，他对我说："很多同学为了满足父母的愿望，在补习班里只是混时间。我不要上补习班，你们挣钱不容易，我自己知道该做什么。"于是他就去新华书店选了三本辅导书，自己开始琢磨起来了。

引导探讨的合适时机，取决于孩子而非父母。假如你主动提出建议，邀请孩子和自己来一次有意义的学术探讨，他很可能像躲瘟神似的逃离。如果我们能把握机会趁热打铁，比如说当他振振有词地指出你的观点如何错得离谱，你便可以借机和他展开辩论。开始的时候你应该小心谨慎，随着话题的深入则可以最终跟孩子进行一场很有价值的探讨，而不是粗暴地否定孩子的观点，关闭亲子交流的最佳通道。

2.尽量多给他一点自由

青春期孩子越来越强烈地需要独立自主，越来越渴望做真正的自己。作为父母和老师，应该予以充分地理解和尊重。尽管你认为孩子需要更多的监管和保护，可是孩子却觉得你管得太宽，保护得太过头了。请你问问自己:"我这条建议是否真的必不可少?"请打破你自认为的"安全范围",尽量多给孩子一点自由。孩子越觉得被你束缚得太厉害,就越不肯任由你管束;反之,你越是放得宽松,他却愿意听从你的安排。

我要和田伟做朋友

自从儿子这学期和同学田伟成为朋友之后,每周六下午他们都会在我家玩游戏。期中考试成绩下来,儿子退步明显。我毫不客气地对儿子下了禁令:"不准你和田伟做朋友了,好朋友不应该影响学习。"儿子满脸不高兴,一言不发回房间了。大约过了半个小时,他非常平静地到我房间说:"妈妈,我想跟你谈谈。"我欣然接受了他的约谈。"妈妈,田伟是值得做我朋友的。因为有一次我们坐公交车回家,半路上我晕车就下车了,准备走回家。而田伟当时就跟着我一起下车,而且一直陪我走到家。从那天起,我就决定,田伟这朋友我交定了。能否请你尊重我的感情?如果你同意我继续跟田伟做朋友,我保证会控制玩游戏的时间,处理好学习和玩乐的关系。"

青春期孩子太渴望自己能被你当成一个成年人来对待,尽管他的言谈举止常常使你无法把他当作成年人。但作为父母,请多给予孩子以理解,这远比对孩子失去耐心要好很多倍,尽管我们非常明白有时候要保持足够耐心是多么的不容易。

3. 不要太迫切,不要太执著

如果你渴望得到青春期孩子对你的尊重,或者你渴望知道他们都在想什么或做什么,请你不要显得太迫切,也不要太执著。

> 案例

妈妈，那个女孩又来找我了

儿子基本上是散养的，尤其是到了青春发育期，作为母亲，我从不会追问他怎么不穿某件衣服，也不会追问他要不要吃某种食品，以免招致他的白眼。因此，儿子反而喜欢主动跟我分享他的小秘密。比如班级一位女孩喜欢他，他就会对我说："妈妈，我给她留言了，明确我们年龄还小，一起努力考大学……"有一个假期，他去南京参加奥赛集训，晚上他给我短信："妈妈，那个女孩又来找我了。"我满心地感动，只回复他一句："妈妈相信你会处理好的。"

假如孩子回家晚了，而你又迫切想知道孩子干什么去了，那么请你千万千万别在他刚进家门时就上前盘问。请你务必按捺住自己，做出一副对这问题不怎么感兴趣的架势来。因为青春期孩子的内心深处是尊重你喜欢你的，其实他很愿意跟你分享他的生活奇遇。不过，在确信你并不会心里猫爪似的渴望知道他都做什么的情况下，他才肯对你敞开心扉。

4. 提供健康的环境

一般人面对压力的反应，可分为积极、消极两大类。心理学家范伦特把积极的反应称为"成熟型防御"，有其他学者则称之为"转换型适应"；消极反应被称为"神经过敏型防卫"或"退化型适应"。

转换型技巧通常是在青春期晚期养成的，较年幼的孩子或刚步入青春期的少年，大多依赖社会网络提供的屏障免于伤害。当孩子受到任何打击——即使是诸如成绩考砸了、下巴长了颗青春痘或学校里同学不跟他说话这类小事，他都会觉得像是世界末日，生命不再有意义。倘若别人能适时给予正面的回馈，只需要几分钟就足以振作他的精神。一个微笑、一通电话、一首好歌就足以吸引他的注意，使他忘记忧虑，重建心灵的秩序。健康的青少年沮丧的时间每次平均不超过半小时，而成年人从恶劣的心境中复原，却需要两倍的时间。①

　　无论是在学校还是家里，与他人的良好关系对青少年在各个领域的健康发展都有积极的影响。父母能否拿出足够的时间跟青春期孩子进行交流，是一个重要的因素。当孩子需要帮助的时候，父母应及时出现。另外，父母和老师应该让孩子感觉到温暖，感到被关爱，感到自己被给予了很高的期望。多项研究表明：在家里能得到情感支持、在学校完全适应的青少年，能够有效地避免青春期可能发生的健康风险。

---

① 米哈里·契克森米哈赖：《心流：最优体验心理学》，张定绮译，中信出版社，2017年12月。

第二节
反思引导失当，直面教育困境
——与学校教育密切相关的几大症候群成因分析

对大多数青少年来说，学校生活都是重要的人生经历。学校为青少年提供学习的机会，拓宽视野，培养技能，为青少年终身发展服务。但是，如果学校教育片面追求升学率，无视学生身心发展规律，道德养成教育流于形式，在"分数至上"的教育压力下，青春期症候群就会爆发，学校教育容易陷入困境。

一、青春期与"应试教育"的"打怪升级"

考试，我爱你；考试，我恨你。面对考试，家长们总是持有两种矛盾却又相互撕扯的态度：希望孩子能在考试中取得好成绩，以获得自信的资本；与此同时，却又在抱怨考试的评价方式太单一，限制了孩子的潜力。不知从什么时候开始，考试成绩成了区分"学霸"与"学渣"的唯一标准。

1. 青春期症候，因"应试教育"而"升温"

教师们是如何看待考试的呢？在"教学质量是学校教育的生命线"的现实下，一个教师，无论你多有才，只要教不出成绩，都不可能获得领导的认可。于是,为了生存,教师将自己所有的能量都放在追求分数的轨道上,荣耀与压力并举。

(1) 单一的考试评价。

家长与教师在单一的考试评价面前找到了统一战线后,学生则成为了这条战线上的核心斗士。教师将压力下移,死盯学生的成绩,采取题海战术。分数成了学习的终极目标,成为了学习的唯一意义。如此情形下,学生如何从学习中体验到所谓的快乐呢?"学霸"们为了捍卫荣耀,葬身题海;"学渣"们在自尊心被碾碎后,只能通过其他方式"刷存在感",如在网络的虚拟世界里寻找成就感,在伙伴中充当英雄好汉,用叛逆对抗来发泄不满。单一的考试评价,令青春期的学习普遍失去快乐。

他为什么整天感到无聊?

小 H 出生在知识分子家庭,父母很成功,但他的学习成绩很差。一上课,他就打瞌睡;一下课,他的精神头就来了。问他是不是头天晚上没有睡好,回答是否定的,说是觉得无聊,提不起精神。家里人也带他去看过心理医生,但没有什么效果。奇怪的是,他不是所有的课都睡觉,历史课老师讲故事的时候,他能笔直地坐一节课。

小 H 的无聊感从何而来?原来每次考试后,老师都会报分数,而小 H 总是最后一个拿到。尽管有时老师也会鼓励他,但周围的眼神给他造成了巨大的压力。虽然努力过,但始终不见起色,在分数面前他已经无能为力,进而觉得学什么都无聊。历史是他喜欢的学科,而且历史课上故事多,比较有意思,所以能够吸引他的注意力,于是成绩也就有了起色。所以用成绩来评价学生的优劣,会给学生带来巨大的压力,所谓的"差生"们就会感到没有希望,内心封闭,青春无聊。

(2) 歧视性的"补差"。

"一切为了孩子，为了孩子的一切"是学校教育的宗旨，而今已被窄化为"一切为了孩子的成绩，为了孩子一切的成绩"。为了实现这一目标，"提优补差"是大多学校提高教学质量的不二法宝。歧视性的"补差"，让学困生陷入"压力负循环"。

他为什么错失了中考？

小L是初三学生，由于成绩不够理想，每天放学补差的名单里都有他的名字，中考前他的情绪突然变得难以控制。他说，每当老师公布当天留下补差的名单时，他的脑子里会有一些太过激的想法，想把桌上的那些书一本本地砸向老师，或是把桌上的书推倒。他感觉心里很崩溃，等这些想法渐渐冷静下来后，却又不受控制地哭了。有的时候，老师正在上课，他突然就不受控制地流眼泪。后来，他干脆拒绝上学，错失中考。

小L的表现是典型的压力失调症候群。青春期孩子有好强的性格和敏感的内心，一方面希望自己成绩出色有面子，另一方面又不希望被老师天天点名补差丢面子。双重压力下，小L的内心出现了失衡，渐渐地产生焦虑感、无助感，进而导致情绪失控，无法面对现实，只能采取逃避的办法。

老师们牺牲了自己的休息时间，将落后生留下来讲解分析。但这对被补习的学生而言，等于被贴上了"差生"的标签，自然会产生自卑心理，有的孩子出现精神空虚的状态，更有甚者会出现轻生的念头。其实优等生也有同样的压力，老师有时还专门为你开小灶，你就必须取得优异的成绩来回报老师，为学校和班级争光。在这样的压力下，不少优等生也产生了严重的焦虑，成绩不升反降，甚至抗拒学习。

(3)"初二现象"。

"初一不分上下,初二两极分化,初三天上地下"。美国心理学家霍林沃斯称初二阶段的学生处在"心理性断乳期",你说东,他偏要往西,"初二现象"已经越来越引起学校老师的关注。初二学生,年龄一般在十三到十四岁,正是生理和心理迅速发育的高峰期。他们渴望体验一些新东西,对一些问题有自己的看法,喜欢发表自己的见解,对老师和家长的教育指导,不像初一时那样乐于接受。他们普遍认为父母老师不懂自己,甚至以阻抗父母和老师来证明自己长大了。于是宁愿跟同伴倾诉,也不愿意跟老师和家长倾诉,以免显得自己过于幼稚。"初二现象"的客观存在,导致某些时候师生对青春期的应对"失能"。

他为什么如此叛逆?

小峰是某校初二学生,由于接受速度慢,初一上学期时是班级的中等生,但到了初一下学期,成绩开始下降,初二上学期时落到了末游。原本不爱说话的他上课话多了起来,老师管教他时,他回报以不屑的眼光。一次考试后,老师让退步的学生分析自己退步的原因,他说:"凭什么说?这是我的隐私,我不想说!"弄得老师十分难堪,最后被班主任叫去谈心。面对班主任,他说:"老师和学生是平等的,凭什么让我道歉!"

小峰的叛逆在初二学生中并不鲜见,主要原因是初二的学业与初一年级相比,各学科的广度和难度增加了,这对基础一般、接受速度相对比较慢的小峰来说实在有些招架不住,这就导致了他的成绩下滑。而成绩的下滑,伤害了他的自尊心,给他带来巨大的心理压力。加之初二时期,正是独立意识、平等意识增强的时期,强烈的自尊心和被他人尊重的需要都无法在残酷的成绩面前获得满足,而老师缺乏应有的民主平等的教育观念，居高临下地说教，激起了小峰内心深处渴望被尊重的情绪，于是小峰便用超常规的反抗表达自己的愤怒和无助。

2. 新中考、新高考，能否减轻青春期症候群的发生率？

在全面认可通过考试选拔人才的大前提下，民众也对当今的中考、高考政策产生了质疑。政府也开始反思目前的升学评价机制，不少省市率先拿出了改革方案。

(1) 广东省中考改革的良好初衷和主要举措。

2018年广东省教育厅公示了《关于实施初中学生综合素质评价的指导意见（试行）》（以下简称《意见》）的征求意见稿，明确初中学生综合素质评价包括思想品德、学业水平、身心健康、艺术素养和社会实践五个方面，结果将作为学生毕业升学的重要依据或参考。在思想品德方面，建议参加公益活动、志愿者活动、社区服务等累计24小时及以上。在学业水平方面，建议积极利用公共图书馆资源或学校图书馆，借书阅读量10册以上并撰写读书心得体会。在身心健康和艺术能力方面，量化指标较多，如：国家学生体质健康标准达标；体育课、艺术课程出勤率达到100%；掌握2项体育技能、1项艺术特长，并积极参加学校运动会和校内艺术兴趣小组或群体性活动；获得县级以上体育竞赛奖项和艺术类竞赛奖励或荣誉称号；积极参加学校组织的安全教育和校外安全实践活动，参加应急疏散演练2次以上。《意见》还提出，初中学生综合素质评价主要采取写实记录、多元定性评价与重要观测点定量评价相结合的形式。其中，写实记录就是学生在成长过程中客观记录的过程性材料，多元定性评价分为自我陈述、同学评语、教师评语和家长评语等。

广东省的中考改革政策的出台与试点，对其他省市都有借鉴意义，也反映了单一的考试评价机制已经饱受诟病，教育改革势在必行。如果青春期学生的热情能消耗在如此丰富多彩的活动课程里，对青少年的生命成长是有百利而无一害的。虽然改革的初衷是好的，但路程却是非常漫长的。

（2）从浙江的高考试点争议，看青春期教育面临的新问题。

新的高考制度由原来的一次性考核，改为3+3考核，特别是英语成绩，由原来的考一次改为考两次，选择成绩较高的那一次……这样的改革是为了打破一考定终身的旧有高考模式，为了革除文理分科带来的种种积弊，为了给学生更大的自由选择的空间，为了减轻学生沉重的学业负担，为了更科学地评估学生的学业成绩……

然而怀有美好初衷的改革却遭遇了尴尬。以浙江的试点争议来看，所谓的一年两考其实是一年三考，由原来的一次冲刺，变成了现在的反复冲刺，十月份冲一次，四月份冲一次，六月份还要冲一次，折腾得所有考生、教师和家长疲惫不堪，奄奄一息。结果是成绩越好，负担越轻；成绩越差，负担越重。

高考改革从学校操作层面上看，也遇到窘境：大多学校从高二开始，为了应付选考和部分学生的提前选考，非考试科目不得不停课让路。选考成绩出来之后，所有学生又得来一次重新大洗牌，原来的班级也随之四分五裂。走班制在中国学校目前的管理制度下，具体实施上困难重重。

面对考试改革，最为惶恐的莫过于深陷其中的学生。当青春期遇到教育改革，产生的症候裂变难以估计。为了最好的那一次，正常的假期没有了，正常的休息没有了，正常的生活没有了，变成没日没夜没完没了地应付考试的机器。原有的青春期症候还没有治愈，新的症候又频频出现。面对改革，青春期教育将何去何从？当"应试教育"变成"应对更多"，是机遇，更是挑战。

二、"课程宽窄巷"，青春期与真实世界难以对接

谈到学校教育不得不提课程。早在二十世纪初就有了课程中心论和儿童中心论的辩论。课程中心论者把注意力集中在课程教材方面，追求知识的系统与权威，无视学生的性格与体验。他们认为课程教材比儿童

自己的经验重要得多，他们的口号就是训练、指导和控制。

1. 课程，青少年通向自我和世界的重要通道

欧美一些教育发达的国家，非常注重课程的设置。从幼儿园到各级学校，课程设置都是为了帮助孩子实现自我。只有找到了自我的价值，在脱离学校教育之后，他们才有动力继续踏上通向世界的通道。

（1）杜威的《儿童与课程》。

儿童中心论者追求自我实现，而忽视知识的指导作用，他们的口号是兴趣、自由和主动性。在批判两派观点的基础上，杜威在他的《儿童与课程》这本书里提出了自己的观点，认为教育最核心的问题是儿童与课程之间相互作用的问题。杜威对儿童与学科知识关系的论述蕴涵了两个方面的基本含义：一是要求学校教育与儿童的生活相融合；二是要求教育应体现生活、生长和发展的价值，直接参与、引导儿童的生长过程。

杜威的观点无疑给我们带来了新的启示：关注学科知识的同时更要关注儿童；把儿童的生活经验当作课程资源；注重教学的过程价值，追求植根于儿童内心深处的成长。

（2）青春期少年需要什么样的课程？

课程，是学校教育的核心手段，为了适应时代的发展，新中国成立以后的课改已有过好多次，在2014年教育部研制印发的《关于全面深化课程改革落实立德树人根本任务的意见》中，提出了"教育部将组织研究提出各学段学生发展核心素养体系，明确学生应具备的适应终身发展和社会发展需要的必备品格和关键能力"。这里提到的核心素养包含人文底蕴、科学精神、学会学习、健康生活、责任担当、实践创新等八大内涵。

基于以上变革，我们应思考的是：青春期少年究竟需要怎样的课程？他们需要均衡合理的课程，这个课程能够帮助他们形成正确的思维方式和价值观，能够学到与生活、科技相联系的"活"的知识。这个课程是能够激发学生的兴趣，让学生主动参与、乐于探究、勤于动手、学

会合作,能够全方位评价学生的学习成果的课程。

2. 当前的青春期课程问题种种及影响

在学校主流课程设置中,青春期课程是一个德育课题,就像鸡肋,处于比较尴尬的地位,没有专门的独立课时分配,只是结合班会活动课或团队培训等点缀性开展一下。虽然各学校也被强制配备了心理老师,但大多是兼职老师,专业师资的薄弱和群体性对心理问题的排斥与掩饰,使得青春期问题的解决并没有多少实质性进展。

(1) 核心课程的阻碍。语文、数学、英语可谓是基础教育的核心课程,也应是发展核心素养的核心课程。正式发布的"中国学生发展核心素养"共分为文化基础、自主发展、社会参与三个方面,将通过课程设计、教学实践、教育评价等三个方面进行落实。既然如此,那么作为核心课程的语文、数学、英语自然应当承载这样重大的责任。然而,现实的教育是:语数英依旧是考试的核心科目,所谓"得语文者得天下""得数学者得天下""得英语者得天下"。教师在教学的时候,也仅仅是以分数的高低为唯一评价。教育评价与设计初衷的严重不匹配导致了"核心素养"成为了青春期少年的"世外桃源",无法进入真实的人文世界和科学世界。所以核心课程的实施没有促进"核心素养"的养成,甚至会有所阻碍。

(2) 艺体类课程的功利化。在历次课程改革中,技术、艺术、体育与健康、综合实践活动类的课程均得到了强化。因为适当多参加一些艺术体育类学习实践,能够最大限度地拓展学生的心智禀赋,塑造坚毅的性格。但在愈演愈烈的功利性教育下,这架通往学生天性禀赋的"立交桥"坍塌了,从某种程度上讲,成了一种花絮课程。首先是艺体科学教师地位边缘化。如有的学校在计算课时量的时候,艺体科学等"非考核类"课程往往被乘以 0.8 的系数,这让老师们有自己的课程低人一等的感觉。其次,学校在评选优秀教师的时候,都倾向于中、高考学科教师,这些所谓的"小学科"教师被评选上的可能性小之又小。这些都大大降低了艺体类教师的积极性，其对教学的热情也自然大打折扣。但在应对检查时，这些课程又要粉墨登场，要求课程教师在各类比赛中拿大奖，以突显学校对素质教育的重视。这种功利的心态，让艺体类课程教师难以寻求到课程价值，自然也就没有了教学的积极性和热情。艺体课程进入了死胡同，教师大多处于应付和突击任务的状态，成为了评价学校教育的功利性砝码。

多元智能理论强调肢体运动智能、音乐智能、人机智能等，这些恰恰特别有助于帮助学困生发展原有的特长。但处于如此功利境遇下的艺体教育，使学生难以沉下心来学习艺术，享受艺术，展示才能。展示的路径被掐断，学习、交往又不尽如人意，便极容易生出各种不良症候，如躲避现实的网瘾症候、对所有的人和事都毫不关心的冷漠症候、无聊症候等。

三、青春期德育，走心不易，走样多

立德树人向来是中国教育的宗旨。要实现这一目标，德育教育不可少，正所谓"才者，德之资也；德者，才之帅也"。然而在应试教育的压制下，家庭、学校教育几乎清一色地重才智而轻德育，即便是开展德育活动，也形式单一，缺乏时代感，更无法与青春期学生的兴趣、心理接轨。

1. 青春期德育的公式化

我们应反对学校教育中的形式主义，因为形式主义置内容于不顾，而把形式强调到一种绝对化的程度。但当今的教育，越来越多地将形式主义发展成为了"痕迹主义"，即事事留"迹"，做的任何事情，你都得留下痕迹，以保证检查时有据可查。至于有没有真正地做这件事，并不重要。

（1）形式主义发展成"痕迹主义"。

为了体现学校素质教育的丰富性，有的教育局开展"四有"活动，

即每所学校都要上报一个特色项目,要做到:有特色,有实效,有影响,有位次。某些学校为了应付检查,就开始大整材料,出所谓的"校本课程",开展"研究性学习",其实只是为了在检查时展示一下。

案例

他为什么让老师难堪?

某校为了应对教育局的检查,出了两份课表,一份真实的课表,一份符合标准的假课表。同时,还印制了所谓的"应知应会",让学生背诵在校时间、每天的阳光活动时间、课时数量等等。小T是初三某班的学生,当考察团走到班级看课表的时候,他大声问:"你想看哪一张课表?"同学们面面相觑,在场的班主任也尴尬极了。

青春期是价值观和世界观形成的关键时期,也是他们表达观点的重要时期。学校的这种应付检查的做法与学生向往正义、诚信、公平的认知产生了巨大的冲突,容易造成内心的不平衡和情绪的冲动。

说到底,"痕迹主义"的流行,反映着学校工作评价体系的不健全。在分数至上的单一的评价体系中,素质教育大多是从上交的材料中进行考评,也就是凭"材料"论英雄。当形式主义发展成"痕迹主义"时,身处青春期的孩子反抗的情绪会更强,青春期症候群也会因此而加重,很多人对此已忍无可忍了。

(2) 德育活动的模式化、运动化。

当今,不少学校的德育处于模式化状态。例如书香校园活动,不少学校如出一辙地大搞手抄报比赛、演讲比赛、板报比赛、征文比赛等等。这些活动固然能够督促学生去查阅,但单一的形式也容易使活动模式化,弱化学生的心理期待。更多时候只要做了就可以了,根本无法真正体验活动本身带来的快乐与成功感。这样的德育活动特别容易激起青春期孩子的逆反心理,认为学校是在搞形式主义。

德育模式化的另一种表现是学校举行的各种"节日"套餐，如科技节、外语节、感恩节、体育节等等。德育节日化的初衷是好的，但不少学校在具体操作的时候则大简其道，追求"痕迹"。以感恩节为例，在节庆期间，大肆宣传感恩，布置低幼的感恩作业，如回家给父母洗脚等等，然后拍个照片做宣传。这样的德育模式化同样会引发学生的反感，或是对美德产生窄化认识。德育本身是无声的教育，它应该如雨露般无声地浸濡学生的心田。感恩，不一定是为别人做什么，一声问好，一点尊重，都是感恩的体现。模式化的德育，会弱化美德在学生心目中的地位，产生青春期的叛逆思想，促使他们走向美德的反面。

 案例

拒绝参与感恩节活动的小F

感恩节到了，某校要求学生回家为父母做一件家务，并且拍照发给老师。小F拒绝拍照，问他为什么，他说："小学的时候就做这样的作业，有什么意思？难道感恩就是做家务吗？"老师让学生布置黑板报，小F也不愿意做，说："现在还有谁看黑板报啊！还不都是随便到网上复制粘贴一篇文章，然后剪剪贴贴？以前我仔细看过，有些文章都没有粘贴完整。有什么意思！"

对什么都不感兴趣，都不愿意参与，小F是太自私了吗？不是的，这是小F对毫无新意的活动的反抗。在如今的信息时代，表达情意的方式很多，如果为了简单操作，一直沿用小学时候就已经做过很多次的活动，势必会导致学生的反感。长此以往，他们心里会认为：活动就是搞个形式而已，根本没有人在乎你的真情实意。

2. 青春期德育的专业化程度不够

英国教育哲学家赫斯特说过："从事德育的教师，应该对道德本质有所研究,对道德的适当领域有必要的合理理解,而且在道德教育上受过专门的训练。"而我国很多省份的学校对德育的重要性一直都停留在口号上,青春期德育的专业化变得没有那么重要,只是一个比较奢侈的名词。

(1) 班主任的专业素养有待提高。

班主任是学校开展德育工作的主力军,学校也会挑选优秀的教师担任这一工作。大多班主任老师都有着丰富的教育教学经验,时间长了,"经验"也就成了"专业"。面对青春期症候群,不少班主任几乎不用怎么调查,便对学生定性,并采取相应的措施,如找家长谈话、与学生谈心、对学生进行处罚等等。但似乎有个重要的事实被我们忽略了,那就是:经验不等于专业。经验是从多次实践中得到的知识或技能,而专业是就某一方面有专门的学问。如此看来,班主任工作不能靠经验,而更应该靠专业。

有人把班主任的专业素养归纳为:教育学、心理学专业素养,综合文化素养,组织、表达、活动等综合素养,以及健全的个性品质。且不说这样的归纳是否科学,但最起码我们可以知道班主任的专业素养是广博的。事实如何呢?班主任首先是学科专业老师,他们第一关注的还是本学科的教学成绩,而班主任是第二职责。他们没有精力或者时间去研究青春期心理学,去潜心设计相应的活动,他们的专业素养均有待提高。不少学校都很重视班主任队伍的建设,大力开展所谓的"智慧课堂"。但不得不说,很多课堂的知识都是碎片化和经验化的,观赏性高,可操作性低。更何况,教育的智慧是很难通过这样的讲座来传递的。

(2)"人人都是德育工作者"难以落地。

"人人都是德育工作者"几乎是所有学校德育的共识。然而,面对教学压力,又有多少老师能够或者愿意在分数外花费更多的精力呢?最为重要的是一个人心里充满阳光,才能给他人带来阳光。现在学校学业压力大,不少老师对德育的理解本身就很片面:认为学习都学不好,还搞什么活动,简直是浪费时间;对那些学习成绩不好但能说会道的学生有偏见,认为他们不过是在其他方面刷存在感,这些都是毫无意义的自我表现。很难想象戴着这种有色眼镜的教师如何与青春期的孩子展开对话，又如何能走进他们的内心世界。同样，面对这样的教师，大多处于青春期的孩子都会比较抵触，为了表达这种抵触，也就产生了诸多如厌学、无聊等青春期症候群。

(3) 青春期，更需要专业化的德育模式。

德育应该成为一门课程，特别是青春期的德育课程，更需要专业化的德育模式。当代西方的德育模式很多，诸如：道德认知发展模式，社会学系模式，人本主义模式，价值澄清模式，体谅模式，品德教育教程模式，认知、判断、行动三位一体模式，知行意行四位一体模式等等。有人把中国的德育模式进行了总结，诸如：关心型、欣赏型、对话型、活动型、生活型、主体型等等。无论哪一种模式，其背后支撑的理念都必须符合学生的成长规律。作为德育教育主力军的班主任，应该对青春期德育进行专题研究，寻找适合青春期症候群的专业德育模式。而且，这种模式还不应该固定和僵化，而是要形式多样，有针对性，保证学生真正参与进来。

3. 新时代的集体教育与个别教育均不到位

集体教育与个别教育相结合是一条德育原则，即对受教育者的集体进行教育，同时针对其中每个成员的特点加强个别教育。苏联教育家马卡连柯说过："摆在我们面前的始终是一个双重的对象——个人和一伙人。"我国的新时期集体教育与个别教育仍显不足。

(1) 当90后的教师遇到00后的青春期少年，集体教育如何进行？

青春期德育面对的一个新困惑是：集体教育的市场有多大？在大力强调民主、个性的信息时代，人们更关注的是个体的差异性，那么作为德育主阵地的班会课该如何开展呢？像以往那样上成训话课吗？这样的班会太过相信"说教的力量"，而事实是，太多的说教成了耳边风，很难取得预想的结果。为什么会这样呢？因为现在的孩子比你还会讲道理。他们不缺少道理，缺少的是行动的力量。最需要引起重视的是，现在的教师主力军渐渐被90后取代。这些90后的教师本身对集体教育就具有一定的排斥性，他们较前一代的老教师更追求个性和民主。那么，面对这样的现状，我们的集体教育该何去何从？

（2）新媒体时代，个别教育挑战教师智慧。

个别教育似乎比集体教育要受欢迎得多，因为它比较有针对性，也更能体现因材施教的理念。但事实是，在新媒体时代的今天，个别教育处理不当也容易引发学生的反感，为什么呢？因为"代沟"，因为谈话者没有"成长"。00后的学生更相信网络的力量，他们更愿意为他人而改变自己。他们对自己总会产生无力感。有些老师没有意识到这一点，在找学生谈心的时候，总是老生常谈，大唱道德的高调，被学生在背后戏谑成"喝鸡汤"。平常不督促，出事来谈心，这样的个别教育是滞后的，也是缺乏关注和智慧的。其实每个教育者的教育内心，受教育者是完全可以感受到的，尤其是青春期的孩子，他们能敏锐地感受到教师交流时内心所想和传递出来的力量。不痛不痒的教育，只会让青春期的孩子，如冷漠型的孩子，更加排斥，从而加剧内心的不平衡。

四、心理健康教育，何时能给力护航青春期？

而今的青春期症候群大多是"心理""心态"出现了问题，因此心理教育就成了改变症候群的重要途径。但当前学校的心理教育现状堪忧，更多的是应景和摆设。

1. 心理指导形式单一，有效性低下

很多学校为了完成相应的德育任务，大多采用心理讲座的形式，而且一个学期也就一次。讲座开展起来很简单，但从"知道"到"体验到"之间还有很大的一段距离。只有让学生体验到，才能真正产生心理和认知上的变化。如对于压力失调症候群，学生都知道压力从何而来，也可以从讲座中懂得如何释放压力，但这并不意味着学生的压力就释放

掉了。只有在具体的活动中，如练习"音乐生理保健法""减压呼吸法"等，才能让学生真切感受到释放压力的真实体验。

学校进行心理辅导的另一种常见方式就是上心理班会课。但这种班会课往往是一个学期一次，基本是为了应付检查而开的。不少人还把这种主题班会开成了"联欢会"，缺少针对性，更谈不上有效性。心理班会是很好的解决青春期症候群的方式之一，但应该将其作为常态方式。针对本班较为突出的青春期症候群开展相应的主题班会，在班会上开展态度辩论、心理游戏等，相信这种方式应该会很受学生的喜爱，同时具备了解决问题的及时性，能较为有效地解决青春期症候群。

2. 学校心理教育形同虚设，青春期症候群的心理健康教育明显不足

为了配合心理教育，很多学校都建有较为专业的心理咨询室：专业的老师，专业的配置。然而遗憾的是，大多心理咨询室门前冷落，形同虚设，甚者不少学生都不知道心理咨询室在哪里。导致这种情况的原因有很多，如对心理咨询的误解，以为去了就等于承认自己精神、心理不正常。在进行调查的时候就有一位学生说："有心理障碍的同学才会进心理咨询室，我觉得我心理挺健康的，是个阳光的男生，不需要咨询什么。"甚至有的老师会对患有青春期症候群的学生简单粗暴地说："你有毛病啊！去心理咨询室看看去！"如此鄙视的态度，又怎么能让学生主动走入咨询室寻求帮助呢？

还有一种原因是学生有保密的顾虑。有位交友失度的学生这样说："比如喜欢某个男生这样的问题，能向老师说出来吗？说出来会引起老师的关注吗？他能替我保守秘密吗？告诉家长或班主任老师怎么办？"除了情感方面的问题外，许多学生认为，不能说的秘密还包括和同学的关系、对某些老师的看法和家里的一些私事——"总不能让老师看到我不光彩的一面吧"。

这种种情况都体现了学校对心理咨询工作普及、宣传的不到位。学

遭遇青春期学生

生有情绪不敢、不愿意去寻求帮助，就等于堵住了解决问题的重要通道。这一点要向西方学习，西方的心理教育也走了一段很长的发展之路，从最先面向有心理障碍的学生，到面向全体学生，同时注重针对性，如弱势群体和高危人群。教育内容也很丰富，有学习辅导、生活辅导、职业辅导等。这给我们带来的启示是：培养专业人员，宣传心理健康知识，普及心理咨询和辅导的知识，丰富辅导的方式。只有让我们的心理教育更加专业，青春期的学生才可能最终受益。

综上所述，目前学校教育中的诸多弊端是青春期症候群发生的主要原因之一，只有从根本上解决这些问题，才能有效地帮助学生平稳度过青春期。

第三节
警惕价值观扭曲,纠正偏差与异化
——与社会环境密切相关的几大症候群成因分析

在前工业化社会,儿童身体发育成熟或者开始在某一行业做学徒的时候,就被认为进入成人世界了。直到 20 世纪,青春期才在西方社会被定义为生命中一段独立的时期。青春期处于孩子的生长发育期,他们的思想还不够成熟,又努力想承担成人的责任,在这样一个走向独立的过渡阶段,他们的价值观形成与社会环境的影响就有着非常密切的关系。

一、青少年价值观的形成

随着孩子的不断长大,认知能力也达到了更高的水平,他们逐渐能够通过复杂的推理处理道德问题。与儿童相比,青少年更容易接纳别人的观点,更好地解决社会问题,更加善于处理人际关系,以及把自己看作社会人。

1. 青少年的道德发展

许多年轻人在刚升入中学或者大学,甚至刚参加工作,包括遇到与自己价值观不同以及文化背景不同的人的时候,会对自己之前的道德观产生怀疑,不过很少有人能够在不同的道德标准中进行选择。从心理学家柯尔伯格的道德发展阶段理论可以看出，人们的认知水平发展到某一高度时，道德发展不一定就达到相应水平，因为对道德行为起推动作用的，不仅仅是对公正的抽象推理，还包括同理心、内疚和苦恼等情绪，以及对社会道德准则的内化。而青春期女孩比男孩的道德判断得分更高，因为青春期的女孩更容易与别人建立亲密的人际关系，对别人也更具同情心。

正是由于青少年比年幼儿童的道德推理水平更高，且更加懂得关心他人，所以，孩子在进入青春期后，亲社会行为会明显加强。女孩往往比男孩做出更多的亲社会行为，并且这种差异在青春期表现得更加明显。

在很多学校，不少学生参加过某种形式的社区义务服务或志愿者工作。这种亲社会行为能帮助青少年学习如何融入成人社会，探索自己成为社会一分子可能扮演的角色，并且能够把他们发展中的同一性与市民参与意识联系起来。青少年志愿者往往性格外向，有更高的自我认知度和对他人的义务感，社会经济地位高的青少年往往比社会经济地位低的青少年更倾向于做志愿者。与成人一样，经常参加校外志愿活动的学生比其他学生更容易融入其他生活小团体。

一般来说，道德推理水平越高的青少年，其行为更合乎道德，同时社交能力和适应性也更强。越来越多的研究表明，父母对儿童的道德发展很重要。无论是认知领域还是情感领域，父母对孩子的影响都很大。支持性和权威性父母鼓励青少年争论和详述自己的道德推理过程，这样的青少年的道德推理水平往往较高。当然，同伴之间相互讨论道德冲突问题也会影响青少年的道德推理水平。拥有更多亲密朋友，和朋友相处时间较长，以及在朋友圈里被看作领导的青少年往往具有更高的道德推理水平。[①]

[①] 黛安娜·帕帕拉等：《孩子的世界——从婴儿期到青春期》（第11版），郝嘉佳等译，人民邮电出版社，2013年1月。

2. 青少年的职业规划

对于大多数青少年来说，学校为他们提供了学习知识、掌握技能的机会。在学校，学生可以参加体育、艺术和其他活动，能够探索未来的职业，还能够和朋友们在一起。学校拓宽了学生的智力和社会视野。然而，对于某些学生而言，学校经历并非机遇，却成为他们迈向成人道路的一道门槛。

（1）学业成绩的影响因素。

社会经济地位以及家庭环境的性质都会影响青少年的在校表现，当然，家庭教育、同伴影响、教学质量和性别等因素也对青少年产生影响，而最重要的因素则是学生的学习动机。

有研究表明，教育实践是在假设学生有或者可能有学习动机的基础上进行的，学生因为渴望知识而学习。不幸的是，很多学生没有自发学习的动机，或在进入中学的时候动机逐渐丧失，很多学生厌烦甚至抵制学习，或随意放弃学习，有些学生最后选择了辍学。在我国的传统文化中，学生并不是为了知识的价值而学习，而是为了满足家庭和社会对他们的完美期望。而在偏远落后的地区，教育资源匮乏，儿童需要参与劳动以补贴家用，有些女孩不被允许上学甚至早婚等社会经济因素为教育设置了重重障碍，个人动机就显得不怎么重要了。

尽管青少年比年幼儿童的独立性增强了，但是家庭氛围仍然会影响他们在学校的表现。父母不仅能够监督他们完成家庭作业，而且对青少年的其他生活方面也会起到积极作用。如果父母能够与孩子开诚布公地讨论问题，并且能够经常表扬和鼓励孩子，那么孩子在学校的表现往往更好。

学校教育的教育质量对学生的学业成绩影响很大。一所好的初中或高中需要拥有整洁安全的环境，充足的学习资源，稳定的师资队伍，积极的团队意识；学校文化氛围强调学习，并且有着所有学生都能成才的信念；老师信任、尊重、关心学生，对每个学生都有美好的期望，并且相信自己有帮助每个学生成功的能力。

(2) 青少年志向的影响因素。

父母对孩子学业的重视程度会影响青少年的价值观以及职业目标，越是重视教育的家庭，孩子继续读大学的比例就越高。

学校教育在青少年职业规划中扮演着制动器的角色。擅长记忆和分析的学生往往在智力测验以及需要这些能力的课堂中表现出色。而拥有创造性和应用思维的学生就难有机会在这样的体系中表现他们的能力。所以，对智力多面性的重视，配合更加灵活的教育方式和就业指导，能够让更多的学生找到自己的教育目标，进入喜欢的行业，使他们能够利用自己的能力做出应有的贡献。

大多数发达国家都为没有进入大学的学生提供指导，德国是做得最好的国家之一。德国有一套完善的学徒体系，高中生一边上学，一边利用业余时间在雇主导师的监督下接受有报酬的训练。有数据表明，每年大约有60%的德国高中生从这项计划中受益，参加此计划的学生中有85%找到了工作。相比之下，我国的职业技术教育需要走的路还很漫长。[1]

青春期要解决的主要个人问题就是努力去定义自己，职业规划是青少年寻求同一性的一个方面。那些认为自己正在做值得做的事情且做得非常好的人，往往对自己感觉良好。那些感到自己的工作无关紧要或者自己并不擅长的人可能会对生活的意义产生困惑。

二、社会环境对青少年的影响

因为社会环境与青少年价值观的形成密切相关，所以在不良的社会环境影响下，青春期症候群的形成就成了必然，且程度更为强烈。

1. 移动互联网时代对教育的冲击

在"互联网+"时代，随着智能手机等移动终端的普及，各个行业

---

[1] 黛安娜·帕帕拉等：《孩子的世界——从婴儿期到青春期》（第11版），郝嘉佳等译，人民邮电出版社，2013年1月。

都发生着巨大的变革。慕课、微课等具有碎片化学习特征的学习模式成为教学改革的研究热点。全方位覆盖的即时信息满足了人们对不同资讯的需求，也养成了人们对信息的渴求和对手机网络的依赖。特别是青少年学生，由于各方面能力发展还不成熟，容易迷恋网络，患上网瘾。

赖学的小顾

小顾是八年级转来的男生，机灵活泼，阳光帅气，成绩优秀，任课老师都很喜欢他。八年级下学期期中考试之前，小顾请了病假，没有参加考试。期中考试之后，小顾康复返校，但是每到考试，小顾都会请假。班主任戴老师特意进行了家访，原来小顾在暑假里迷上了网络游戏，无心学习，作业敷衍，每到考试，爱面子的小顾怕考不好，于是就赖在家里不去，妈妈无奈就只能替他请病假。一看暴露了真相，小顾同学干脆不上学了，整天赖在家里不起床，谁也不见，除非上网打游戏。后来小顾母亲流着泪为儿子办了休学手续，且一直没有复学，因为小顾被诊断为抑郁，不愿见任何人。

除了家庭教育是导致青少年形成网瘾的重要因素之外，网吧的出现、网络游戏的流行、同学之间的攀比从众等社会环境是形成网瘾的另一重要诱因。随着科技的发展，网络已全面覆盖了我们的生活。在满足我们正常工作、学习、沟通交流外，开发商始终不忘对游戏和娱乐项目的开发，因此出现了惊险的网络游戏、激情的色情电影和有趣的网络聊天等，极大地满足了青少年的心理需求。由于青少年意志力薄弱，热衷群体活动，他们会更多地相互模仿、攀比，而很多成年人也会有网瘾，并影响到孩子。所以，良好的社会环境对减弱青少年的网瘾非常重要。

青春期少年大脑皮层发育不完善，意识比较弱化，理解判断力差，自控能力也比较差。他们反叛心理严重，对新鲜事物又充满了好奇，寻求刺激、惊险和浪漫,以满足这个阶段的人生需求,而网络游戏、色情和聊天,恰好对应了青少年的心理需求,自然就会导致他们网络成瘾。另外,学业失败、孤独感、人际障碍也是网瘾的成因,大部分网瘾少年都有学业失败的经历,导致心理空虚,缺乏自信,长时间会有一种孤独感,而逃避的方法之一就是在网络的虚拟世界中重新找到失去的自我和可以满足的成就感。

2. 社会道德滑坡对青少年学生的影响

我国经济取得了飞速发展,人们的物质条件与生活水平得到了飞跃,但在精神文明方面却出现了道德滑坡现象。"毒奶粉""地沟油""假疫苗""网络暴力"等一系列事件,都对青少年学生的身心发展造成极大的负面影响。社会的道德滑坡造成了青少年认识上的混乱,我国未成年人犯罪人数逐年增多,并且呈现着低龄化、团体化的恶性发展趋势。针对青少年的社会道德滑坡现象,学校、家庭、网络、大众传媒都有着不可推卸的责任,如何关注并帮助青少年走出"道德泥潭",促进青少年走入正轨,是全社会必须重视的一个大问题。

青少年正处在社会道德意识的形成发展时期,思想尚未完全成熟,可塑性大,好奇心强,容易受到社会各种因素的影响,社会上的一些道德沦丧现象对他们造成很大的负面影响,容易把他们引入利己主义与个人主义的误区,导致某些青少年道德丧失、人格有缺陷甚至走上犯罪的不归路。

为了获得自身利益,有人不顾道德而损害他人的利益,形成了不良的社会风气。帮助车祸受伤的老人反被讹诈,好心护送求助者回家反而被杀,献爱心的慈善款被拿去炫富等现象,致使人们变得越来越冷漠,不愿关心与帮助他人,"小悦悦"事件就是一个典型的例子,社会道德滑坡愈发严重。受这种社会环境潜移默化的影响,青少年价值观容易扭曲和异化。

3. 安全感缺失的社会导致民众焦虑

当下很多人似乎都生活在类似的焦虑当中：课余饭后，不敢让孩子单独到楼下玩耍，一方面忌惮于治安环境，另一方面更忌惮于污浊的空气会伤害孩子的健康；快递送上门，把写有个人信息的标签撕掉，因为担心会给不法分子以可乘之机……以上种种，可以用"安全感缺失"来形容。转型期社会迅速发展，难免将发展中的大量矛盾和弊病短时间内集中呈现，这些矛盾和弊病对人们生活的渗透是全方位的。

案例

暴躁的沈达

沈达是一名学习优异的初中学生，但他却被同学们称为"天下第一恶人"，因为他经常性情绪失控。一次，因为考试成绩不理想，同桌跟他开一句玩笑，他就猛地把同桌的书本都掀翻在地上，大声吼叫：关你什么××事！全班同学都傻掉了。有时因课堂上不守纪律被老师批评受不了，就会直接冲着老师叫喊，摔自己的纸笔。有时在宿舍，不服宿管阿姨管教，班主任到场后，他竟对着阿姨挥舞着拳头。有一次在餐厅，看到一名男生插队，他冲上去把那男生拉出来，狠狠抽了人家一记耳光。

社会文化常以一种不自觉的方式存在并影响着青春期学生且具有连续性。处于青春期的初高中学生，生理上激素水平急速升高，心理上却处于断乳期，一些细小的问题，都容易导致他们躁动不安，甚至情绪失控。案例中的沈达妈妈就因为沈达父亲的暴躁无常而坚决离婚，沈达父亲曾说，这孩子就是他儿时的克隆。因此，积极的社会文化，有利于青春期学生的心理安全，如尊老爱幼、扶危济困；而消极的社会文化，则会加重他们的心理负担、焦虑情绪，如人与人之间冷漠无情、部分人的嫌贫爱富、同伴的偷吃扒拿等。

三、反社会行为与青少年犯罪

发生在校园的欺凌暴力事件屡见不鲜：辱骂殴打、强迫脱衣、拍照侮辱……不知道从什么时候开始，我们眼中的校园欺凌暴力事件突然多了起来。而且每一次，基本都配着大量的施暴图片和视频，手段之残忍超出想象，不断挑战人们的底线，也不断引发全社会的关注。我们不禁要问：为什么这些青少年会做出如何具有破坏性的行为？除了大脑发育不成熟的原因之外，应该跟我们的整个社会文化背景也有很大的关系。

青少年暴力事件和反社会行为的根源可以追溯到儿童期。小学就表现出攻击性的孩子，特别是男孩，到青春期往往表现出极端的反社会倾向。成长于被拒绝、被强迫、过度宽容或混乱环境下的孩子往往表现得更具攻击性，并且很容易唤醒他们对他人的敌意，进而助长他们的侵略性。生活在贫困、不稳定，且高犯罪率、社区品质较低的市区家庭的男孩，最有可能成为暴力事件的发起者。[1]

由于儿童期是青少年犯罪的根源，所以做一些预防性努力是十分必要的。为了使预防措施更大程度地发挥作用，应该针对可能引起行为不良的多种因素进行干预。

曾经出现的很热门的"行走学校"，为有不良行为的青少年提供集中营和夏令营等训练可能会起到相反的作用，因为他们把不良的少年聚集在一起，可能会强化他们的叛逆性。比较有效的项目应该是探索活动和运动项目，让不良少年融入到正常少年中。放学后、周末和寒暑假是青少年最空闲且最有可能惹上麻烦的时间，有组织的成人监控或者以学校为基础的公益、修学等活动能够减少他们接触反社会环境的机会。

另外，社会应该提供更多的渠道和平台，鼓励青少年在业余时间参与建设性的活动，或者参加工作技能培训等，可以起到长期的积极作

---

[1] 黛安娜·帕帕拉等：《孩子的世界——从婴儿期到青春期》（第11版），郝嘉佳等译，人民邮电出版社，2013年1月。

用。学校也应该多组织一些丰富多彩的课外活动，减少青少年的辍学率和犯罪率。

庆幸的是，绝大多数青少年的青春期症候群并没有很严重，那些表现出不良行为的青少年总能够而且也应该得到帮助。如果能够得到爱、指导和支持，青少年就可以避免危险，并在成长的道路上依靠自己的力量创造璀璨的未来。

第四节
不做"公元前"父母，改良家庭教育的"土壤"
——青春期症候群的家教溯源

一、不做"公元前"父母

何谓"公元前"父母？这是青春期的孩子对不了解自己的成长变化的父母的一种特定称谓。父母的种种关心担忧在孩子眼里变成了打扰和控制。在孩子心里，眼前的父母犹如来自"公元前"，话不投机，无语以对。

1. 亲子关系"渐冻症"

人际关系的成长是青春期少年最为中心的成长，也是最难的成长，其中与父母的关系更是青春期孩子必须解决的首要关系。但是很多父母并不了解孩子的成长需求，为了满足控制欲而一味简单粗暴地管教孩子，亲子关系遭遇严峻挑战。处理得好，父母能很好地调整自己并陪伴孩子顺利度过青春期，互促成长；处理得不好，会逼得孩子与父母冲突不断，矛盾升级，亲子关系逐渐降温直至冷冻，于是父母和孩子成为一个房间里的"陌生人"。

案例

反窥视的孩子

我在青春期的时候,为了对抗父母的窥视可真是绞尽脑汁——我坚决地认为他们在窥视我。那时,我最喜欢的事是把自己反锁在屋子里。其实我一个人躲在房间里,无非就是戴着耳机听听音乐、翻翻小说、写写日记什么的。但只要父母一进屋,在我身后走来走去,我就如坐针毡。我怀疑他们故意进进出出,装作找东西,其实就是来窥视我。有时候,我恨不得能在头上顶一棵隐形草。有一次,我坐在桌前看书时无意间一回头,妈妈正透过门上的玻璃窗看着我。不知道她当时是有意还是无意,我却如临大敌。我发挥所有的智慧来对付这块玻璃,在桌上放了一面镜子,让它对着玻璃窗,谁的脸在玻璃上一露,立刻被我尽收眼底。但心里并不踏实,因为我做不到每时每刻盯着镜子。终于有一天,我找了个借口,在玻璃上贴了一张画。(摘自《青春期,遇见"公元前"父母》,标题为作者所加)

人生最大的悲哀就是爱错方向,一腔心血付之东流。孩子的成长是需要时间和经历的,尤其是青少年孩子,他们需要应对同一性与同一性混乱的危机,他们渴望成为独一无二、有着一致的自我认识、能在社会上发挥自己价值的人。如果父母不了解这些,而是一味地逼迫孩子听话,强行介入孩子的生活,甚至安排孩子的人生走向,势必会引发青春期孩子的强烈反抗,亲子关系就面临崩盘的危险。

2. 手机和游戏是洪水猛兽吗?

青春期孩子对任何事都充满好奇,非常容易被新鲜事物吸引,虚拟的网络世界正好满足了这个年龄段孩子的心理需求。而网络有利有弊,孩子的认知水平和判断能力有限,网络成瘾的青少年越来越多。越是遭遇父母遗弃或家暴,孩子越容易沉溺网络,以寻求安慰并逃避责难,这些案例举不胜举，媒体还时有网瘾少年猝死网吧的报道。于是，手机和游戏就像洪水猛兽，引起了家长们的恐慌。对于网络和手机，老师和家长一般采用两种方法——堵和放，中间缺少了一条绿色通道。

> 案例

因为游戏

儿子读小学的时候，就迷恋上了一款小霸王游戏机。我每次都陪他玩其中的《猴子摘桃子》，其实是一款数字游戏，我们约定只要他赢我三次就可以玩半个小时的《魂斗罗》。刚开始是我故意输他几次，后来就是他可以轻易赢过我。读初中时，每周末如果他作业都完成了，可以拥有2个小时的玩游戏时间。读高三时，他的同学基本都配有手机，而他只用小灵通。我让他选，如果需要马上配手机，就可以在1000余元手机中挑，如果努力到高考后，顺利进入自主招生录取的学校，那么可以随意挑自己喜欢的手机，他丝毫没有犹豫地选择了后者。在他出国留学一年，假期回国时，他跟我玩笑似的说："妈妈，你知道我初中为什么那么努力做作业保持好成绩吗？就是因为每周末有两个小时玩游戏啊！你知道吗，我到国外前面几个月都快得抑郁症了，幸亏有游戏，在游戏中我被现在的团队发现并领回，帮我度过了最难熬的黑暗时光。"

这是一个互联网时代，虽然网络覆盖的社会环境是形成网瘾的重要诱因，但是不让孩子接触网络是不现实的。作为父母，大可不必把手机和游戏当作洪水猛兽，而应该帮助孩子建立良好的网络意识，引导孩子正确看待手机和游戏。不必杜绝上网，而要养成合理有效的上网习惯。

二、教养方式与家庭氛围

由于我国家庭教育的总体水平偏低，很多家长教育孩子尤其是处在青春叛逆期孩子的方式上,往往违背其身心发展规律,揠苗助长。因此,选择什么样的教养方式在现代家庭教育中就显得极其重要。

1. 青春期遇上更年期

与青少年在依赖父母和希望摆脱父母之间感受到压力一样,父母也常常悲喜交加:一方面希望子女早日独立,但同时却发现自己很难放开;既要给孩子足够的自由时间,又要保护他们免受因不成熟的判断而遭到的伤害。压力会导致家庭冲突,父母的教养方式会影响冲突的发生形式和结果。

(1) 家庭冲突与个性化。

青少年与父母之间的争吵大多数都是围绕普通的小事,比如家务、作业、穿衣、零用钱、约会等,而不是健康和安全或者对与错的原则性问题。这些冲突引发的情绪强度反映了青少年为寻求自主和与众不同或者个人同一性(个性化)所做努力的程度。[1]

(2) 父母权威。

权威型父母不同于专制型父母,权威型父母会教育青春期孩子要看到事情的两面性,欢迎他们参与家庭决策,并且承认孩子有时候比父母懂得多。这样的父母能够平衡提要求和响应之间的关系:他们的孩子会因为取得好成绩而受到奖励并享受特权,成绩差的则会得到继续努力的鼓励和帮助。当然,当父母超越了青少年心目中父母应该干涉的界限时,问题就会出现,需要经过双方协商形成属于青少年自己的私人领域,并随着父母和青少年持续不断的谈判而不断发展。

专制型父母不允许青少年与成人争论或提出怀疑,并且告诉他们"等你长大了就会明白"。当孩子取得好成绩时,他们会收到应该做得更好的告诫;成绩差的时候,则会受到减少零花钱或限制外出活动的惩罚。

宽容型父母认为学习成绩无关紧要,不限制孩子看电视的时间,不

---

[1] 黛安娜·帕帕拉等:《孩子的世界——从婴儿期到青春期》(第11版),郝嘉佳等译,人民邮电出版社,2013年1月。

尽教育职责，不参与孩子的家庭作业。

因此，非权威型父母的教养方式可能助长青少年的无助感，久而久之变成了一种自我暗示，从而使孩子放弃追求成功的动力。

2. 教养方式与青春期症候群

孩子的个性是依靠后天的教育与周围的环境形成的，有研究表明，父母的教养方式是孩子个性最主要的影响因素，青少年在家庭中的自主程度越低，其逆反心理就越强烈。

（1）父辈复制，缺乏科学的课程指导。

因为信奉"棍棒出孝子"的传统教育观念，我国大部分家长的育儿方式倾向于专制型。又由于没有科学的父母课程培训，几千年来，父母都是无证上岗，教育孩子的方式也基本沿袭上一代，所以叫"父辈复制"。

 案例

青春期的孩子能否不叛逆

儿子是我们夫妻俩自己带大的，就像千万个家庭一样，我们对他倾尽了疼爱。在抚养他长大的过程中，我们自己也一直在成长，一直在学会如何做父母。儿子过于顽皮，小时候也被揍过，懂事之后就采用沟通的方式，犯错的他会自觉去站墙角接受惩罚。如何让他在犯错中获得认识，是我们父母应该注意的地方。因为我们和儿子的沟通从来都是无障碍的，我们充分尊重他的表达，情绪平和地指出他的问题，赞许他的优点，所以他的青春期几乎没有任何叛逆的表现。遇到情绪问题也很乐意与我们探讨，遇到感情问题也乐意与我们分享。如今他出国读研了，我们也经常在想：孩子成长过程中的独立、自信和阳光等财富，作为父母是否已经塞到他的背包里了？

具备一定教育常识的父母，容易与青春期孩子保持亲密的关系，这对减少青春期的情绪冲突比较有利。苏联教育家苏霍姆林斯基创办的家长学校很值得借鉴：在学生入学前两年，即将入学的孩子家长被召集到家长学校里进行学习，在校学生的家长也被组织到校学习。家长学校分为学前组、低年级组、中年级组、高年级组，每月组织两次学习活动，主要由尊长、教导主任和最有经验的教师讲课。授课的内容紧密联系家庭教育的实际，把家长应当掌握和了解的心理学与教育学的理论知识传授给父母，并且尽量做到让每一位父母把在家长学校学到的知识，跟自己孩子的精神生活联系起来。

认识到青春期可能是一段困难时期，能够帮助父母与老师对青少年遭人厌烦的行为做好心理准备。但是，如果成年人认为暴风雨期是正常和必要的，那么就很可能会疏忽掉一小部分青少年需要特别帮助的信号。

(2) 家庭结构中，父母缺位的孩子问题多。

现在许多青少年生活的家庭环境已经和几十年前大不相同，丧偶、离异、未婚先孕等单亲家庭以及重组家庭显著增多，这样的家庭环境会给青少年带来很大的影响。

 案例

叛逆的小瑞

小瑞从出生到现在读初中就没见到爸爸几次。因丈夫出轨，小瑞的母亲离异后带着儿子改嫁现在的台湾丈夫，因业务关系，也聚少离多。母亲对小瑞的学习抓得非常紧，聪明的小瑞成绩一直名列前茅。但自从读初中，小瑞开始迷上手游，起初母亲还能管一管，到初二下学期，小瑞与母亲之间的冲突就不断升级，成绩也开始下降。初三上学期，因手机被没收，小瑞几次选择绝食和跳楼等方式来威胁母亲。无奈之下，母亲带着小瑞去心理咨询，聊到妈妈时，小瑞有很多话要说，聊到亲爸和后爸时，小瑞都是一句话——"我不想说他"，然后沉默。

有研究表明,婚姻突变会促使青少年发生适应性的变化。与父母未离异家庭的同伴相比,无论男孩还是女孩,在父母离异后会表现出更多的学习、心理和行为问题。即使是正常家庭,如果父母一方缺位,僵尸式或丧偶式育儿,也同样会出现上述问题。

(3) 隔代抚养,时代的剧痛。

相比发达国家大多数儿童在没有祖辈或其他亲戚的核心家庭中长大,我国几代同堂的大家庭占主导地位,共同居住的祖父母在家庭中发挥着必不可少的作用。

留守儿童,是一个令人揪心的 21 世纪备受关注的群体。在德国青年卢安克的《是什么带来力量》一书中,有大量关于我国留守儿童的案例,许多农村父母流动到城市去找工作,越来越多的祖父母成为孙辈的唯一或主要的照看人,也就是"替代父母"。

于是,在留守儿童心里,父母就成了一种遥远的寄托。他们不仅在生活中无法得到父母的照顾,在精神情感上更缺乏父母的关爱和保护。他们的生存状况令人担忧,尤其是青春期少年,他们内心的冲突和精神的迷茫难以获得应有的关怀。

还有谁在乎我

我孤独地躲在黑暗中,在世上有何用?伤心的我无奈地站在冰冷的窗外。

你却告诉我英雄会孤独,好汉不需要有面子。

你依然保管着我的灵魂,而你也会永远地留在我的心中,但到什么时候才能回来?

你可知道还有谁在乎你?你心里的美永不会绝迹。

当我最落魄的时候,还有谁在乎我?为什么我不是超人?……

我却没有珍惜你找我的时候,你走时我又舍不得。
......①

书中卢安克分析了留守儿童的隔代抚养问题:因为身边的父母权威已经离开了,爷爷奶奶又做不了孩子的权威,自然环境就成为了主要引导力,所以他们特别野而不受约束。被隔代抚养儿童,年龄差距成为一种障碍,祖辈和孙辈可能都感受到自己违背了他们传统的角色。并且,年老的祖父母也缺乏足够的精力来与积极活跃的儿童保持一致。等到青春期,成长过程中的种种问题就会集中爆发,症候群现象比较明显。

目前城里人的"隔代抚养"问题一样相当严重。尤其是独一代遇上独二代时,城市新生代父母急需"断奶"。

 案例

孙子争夺战

某单位一对小夫妻很是为双方老人争夺孩子的抚养权而苦恼,最后协议商定:双周日晚7点由男方父母接回家抚养一周,单周日晚7点由女方父母再接回抚养一周。于是,每逢周日晚上,都有一对老人早早来到他们的小家,7点整孙子将被另一对老人送回,然后又被接走。

虽然这是一个比较极端的例子,但是,不少小夫妻确实是只管生孩子不需养孩子的,要么是男方父母要么是女方父母在进行"隔代抚养",年轻的父母也就乐得逍遥了。殊不知,这样的抚养方式势必导致年轻的父母不需再思考"如何做父母"的问题。他们虽然生了孩子,却不能与孩子经历日常点滴,当然也无法产生为人父母的意识,因此他们并没有成长为真正的父母。这种"剥夺"年轻人抚养孩子成为真正父母的权利

---

① 卢安克:《是什么带来力量》,中国致公出版社,2014年3月。有改动。

的"隔代抚养"方式将会造成长不大的两代人。当然,我国的计划生育政策后遗症,也是"四二一综合征"频发的重要原因。

三、了解孩子,成长自己

不做"公元前"父母的首先条件,就是要了解孩子,不能成为一个房间里的陌生人。父母在努力做到这一点的过程中,就已经实现了自我的成长。父母成长的高度,往往成为限制孩子成长的天花板。

1. 正视同伴的影响力

同伴影响力一般在十二三岁时达到最大,在青春期中期和晚期开始下降。在青春期早期,那些受同伴欢迎的青少年可能会做出一些不太严重的反社会行为。比如不排队或不买票溜进博物馆参观,以此向同伴证明他们可以不受父母或成人控制。需要注意的是,青少年在青春期早期对同伴的依赖并不会带来真正的麻烦,除非依赖性过强,以至于青少年不再遵守家庭的规范、不想学习、放弃发展自己的才能,只是为了获取同伴的赞赏和欢迎。

在一项旨在论证同伴对冒险行为的影响的研究中发现,年轻的参与者更倾向于冒险,做有风险的决定。对所有年龄群体来说,和同伴共同参加的参与者,都比单独参加的参与者更喜欢冒险,并且参与者越年轻,这种现象越明显。

随着儿童进入青春期,朋党变得更加重要。他们并不是以个人交往为基础,而是以名誉、外貌或同一性为基础建立起来的。朋党同伴的身份是一种社会建构,通过一系列的标签把青少年按照居住小区、学习成绩、社会地位或其他因素划分为不同的社会类型。这些层次的同伴群体可能同时存在,有时成员身份会产生交叠,并且随着时间变化而变化。

2. 关注孩子的亲密关系

青春期友谊的亲密程度和重要程度可能比生命中其他任何时期都要高,这个时期的友谊往往更互惠、更平等、更稳定,缺乏这些特征的友谊会失去价值或被抛弃。青少年朋友之间要么学习彼此的亲社会行为,要么互相影响作出危险行为和问题行为。作为父母要明白,通过选择朋友的品质,可以引导他们朝着相同的方向发展。①

所以,不论处于怎样的经济条件下,作为孩子的父母,都要努力地成长自己。在给予孩子适当自适应空间的同时,也要对他们进行严格的管理和监控。这样培养出来的青少年会更加自立,也少有行为问题。

---

① 黛安娜·帕帕拉等:《孩子的世界——从婴儿期到青春期》(第11版),郝嘉佳等译,人民邮电出版社,2013年1月。

第四章

应对和干预青春期症候群的技巧

第一节
专家工作坊：应对青春期症候群的智囊团

青春期症候群是学校老师和家长们无法回避的成长现象，如果处理得当，会像青春痘般自然消失，成为孩子们生命中的美好记忆；如果处理不当，就会沉降为深层问题，不仅加大了教育难度，对孩子成长更是一种伤害。面对越来越复杂的青春期症候群现象，学校需要有不同类型和不同层次的教师，来教育不同类型和不同层次的学生。

一、建立校内专家工作坊的必要性

学校建立专家工作坊，使之成为应对青春期症候群的智囊团，处理一般教师和班主任不能处理的问题，明确不同层次的岗位职责，减轻班主任和普通老师的压力，以改变学校单打一的体制和机制。

面对独一代父母、独二代学生，整个社会都对教师提出了很高的要求。学生打不得骂不得，家长也是说不得碰不得，无论孩子发生什么问题，责任都能推到教育的身上，教师工作的复杂性和艰难性越来越严峻。

一般教师在师范院校接受的更多的是学科专业领域的培训，关于如何教育特殊学生、如何处理突发事件、如何关注孩子的身心发展的课程培训少之又少。现在教师的工作压力特别大，尤其是班主任，可谓是心力交瘁，主要是因为教师缺乏系统专业的指导，遇到问题只能摸着石头过河,依靠经验丰富的老教师传帮带,抗压能力较弱的教师容易频频出现过激言行而酿成悲剧。

由于校内兼职社工或心理咨询课程等普及性不强,学校遇到突发事件的处理方式大多是头痛医头,脚痛医脚。即使是做特殊学生的个案跟踪,也往往是教师一个人在战斗。特别是面对青春期学生身心发育方面充满了矛盾,种种症候爆发,对于病急乱投医的父母和经验不足的教师来说,都非常需要系统专业的针对性指导。于是,建立校内专家工作坊就显得非常有必要。

二、专家从哪里来?

如果学校设立专家工作坊,专家从哪里来?有哪些要求?为了开展工作,专家需要威信高、大家信服,比如分管德育的校长、德育主任、教导处老师、心理咨询老师、年级组长、普通班主任,以及校内有经验的、有资历的专家型教师等都可以培养成校园专家。不过,作为校园专家,他们的其他工作负担必须减轻,否则就会分身乏术、形同虚设。如果班主任做校园专家,必须选威信高、大家信服的人,否则工作难以开展。

王晓春老师说:"校园专家要有悟性,喜欢动脑筋研究问题,而不是热衷于'管理'。他们须能平等待人,能换位思考,能体谅他人,善于做'建设者',而不是'说教者'和'指挥者'。他们不能光有热情和爱心,还应该头脑冷静,遇事不慌,老有主意,总有办法。他们还应该是勤于学习、善于学习、善于反思的人。"由此看来,工作坊里的专家还要谦虚好学、虚怀若谷,那些自以为是、刚愎自用,尤其是傲慢自满、总喜欢以学生的恩人自居的教师,是不适合这个岗位的。

除了校内资源,还可以挖掘包括家长资源在内的校外资源,比如有执业资格的热心家长,高等院校的专家教授,公检法、妇联组织、社区关工委等社会机构的专业人员等,这些外聘资源可以极大地增强校园专家的力量,对不同层次、不同程度的青春期症候群现象,给予有效的指导和干预。

建立并培养这样一支校园专家团队，说起来容易，实际做起来相当困难。根据经验，校园专家一定要找合适的人，要经过认真的个案培养，每个人手里都要有一定量的案例积累，有自己独到的"经书"。校园专家还要做好梯队培养，开展课题研究，以期对全体教师、对整个校园起到辐射影响。学校要给他们时间和机会锻炼，急于求成、渴望政绩、希望立竿见影的学校领导，是不适合谈这个问题的。

三、专家工作坊的工作范围

青春期症候群是青少年学生成长过程中的正常现象，一般情况下，班主任和任课老师都能够面对并妥善处理，遇到复杂严重的情况，比如影响到教师的正常教学或影响到学生的正常学习生活以及影响到亲子关系等，此时专家工作坊就要发挥作用了。专家工作坊的工作范围一般包括个案处理、课程培训、沙龙活动等。

1. 个案处理

专家工作坊的每一位导师，都应该有足够的专业素养指导教师、学生以及家长正确看待青春期症候群现象，并能帮助孩子成功跨越这道充满花香又布满花刺的青春门槛。

（1）指导教师处理个案。

当班主任已经束手无策，而学生的情况也不是太严重，此时专家们可以充当军师角色，帮助教师理清思路、分析问题、商讨方案，让教师自己操作，专家在幕后，争取解决问题的同时，提高教师的专业素质。很多教师探寻不到问题的根源，是因为教育观念和思路不对。工作坊的专家指导时，不能就事论事，只告知他们"怎么办"，而应该根据个案理清思路，让教师弄明白"为什么"。唯有这样，教师处理问题的能力才会增强。否则，班主任遇到一点小事也让专家处理，专家会越来越累,班主任则越来越懒,双方都不能进一步提高。

(2) 直接处理学生个案。

如果遇到学生和老师之间闹僵,与班主任之间的矛盾升级,师生之间已经无法对话,经由德育处转介,工作坊的专家可以直接面对学生处理问题。这是最能考验专家真实水平的短兵相接。如果此时专家的想法、做法不能高出班主任一筹,那么他作为专家是否合格就会遭受质疑。专家工作坊,不是理论指挥部,总是指挥教师如何如何教育学生,专家自己必须有直面学生的机会,并具备较高的处理问题的能力。这不仅是对班主任等普通教师的"演示教学",也是磨炼提升自身素质的需要。当然,工作坊的专家直接处理学生个案的时候,要注意保护班主任的威信,因为学生最终要回到班级接受班主任的教育。专家接手,只是辅助性插曲。

(3) 接受家长的个案咨询。

遇到一些情况比较严重,需要进行家教干预的青春期症候群现象,专家还要出面做家长的工作,指导家长改变教育观念,重塑亲子关系,和学校老师加强合作,陪伴孩子共同成长,顺利度过青春期。如果有家长在教育青春期孩子时遭遇困惑,也可以直接到专家工作坊进行个案咨询。工作坊的专家有义务为前来咨询的家长提供帮助,分析诊断问题,量身制订方案,必要时可以进行长期跟踪,随时给予家长鼓励,让他们获得改变和坚持的力量与勇气。

2. 课程培训

最能体现专家工作坊辐射效应的方式,就是开办培训班,对教师、班主任、学生、家长集中性地进行关于应对青春期症候群的通识培训。

(1) 教师全员培训:应对青春期学生的基本理念培训。

青春期学生的教育应该是全体教师的工作,不能仅限于班主任。如果学科老师不能掌握关于青春期阶段的基本知识和教育理念,师生之间的冲突就会频发和加剧,如果这些问题都推给班主任来处理,就会加重班主任的负担，也不利于学科老师的成长。专家工作坊可以对全体教师进行通识培训，设计出系列化的课程，让老师们了解青春期学生的生理特点，了解情绪管控、师生交往等方面的技巧，提高学科老师应对青春期症候群的能力。身为父母的教师，还可以应用培训中学到的理念和技巧密切亲子关系，改善家教方式，更好地应对青春期孩子。

(2) 班主任专业培训：应对青春期学生的专业指导培训。

班主任是学校应对青春期症候群的主力军，专家工作坊需要为班主任开设更加专业的指导性培训，比如专家讲座、案例分析或专题讨论等。专业培训课程要有渐进性、序列性、实操性和综合性，让班主任在这样的培训中能真正地提升专业能力。班主任的专业能力提高了，专家工作坊的压力也能得到有效减轻。

(3) 家长培训：定期对家长进行系列课程培训。

青春期症候群现象的应对和干预，家长是重要因素，提升家长的认知能力和综合素养，也是专家工作坊的培训内容。可以借鉴本书第三章第四节提到的苏霍姆林斯基创办的家长学校的做法，将青春期的孩子家长召集到家长学校里进行学习，在校学生的家长也被组织到校学习，可以分为低段组、中段组、高段组，每月组织一两次学习活动。主要由工作坊的专家讲课，内容紧密联系家庭教育的实际，把家长应当掌握和了解的心理学及教育学的理论知识，特别是与青春期孩子相处的教育方法等传授给父母。

(4) 学生青春期培训：开展青春期常识和专项培训。

无论是教师还是家长，想要处理好青春期症候群问题，最终都是要面对孩子的，所以专家工作坊对学生进行青春期常识培训就非常必要。学生青春期培训可以男女合班开展青春期知识的通识培训，也可以男女分班开展男生青春期常识和女生青春期常识的专题培训。此外，针对各班青春期症候群情况严重的个别学生，可以集中起来开展针对性的专项培训。可以集中培训一周、两周甚至一个月，既给班主任一个缓冲的时间，把更多精力放到巩固班集体的健康力量上，也可以使这部分学生受到特殊教育和诊疗。这样的培训班也要有课程设置,在少落下功课的前提下,应该侧重于教育而不是教学。这样的培训学校压力比较大,需要做好家长的工作。社会上的"行走学校"应该属于这种类型,只是越办越变味了。

3. 沙龙活动

青春期症候群现象是一个非常值得研究的教科研课题,学校如果想把这样的教育科研做得扎实有效,举办不同主题的沙龙活动是最接地气的。举办沙龙活动,主题切口要小,要有案例,贴近实际。在这样的自愿参与的沙龙活动中,工作坊的专家要作为主持人或指导者,帮助教师梳理思路,反思教育行为,转变观念,找到具体对策,提供参考意见,目前很流行的"小组叙事"活动就是比较理想的沙龙活动。否则,没有专家指导,沙龙活动很有可能变成聊天和发牢骚,而没有了质量。

四、专家工作坊的工作流程

专家工作坊绝不能代替班主任、德育处的工作,而是协助德育处指导班主任、老师和学生处理棘手问题。他们的工作应该有明确的边界,只负责处理班主任、德育处确实处理不了的青春期症候群的"疑难杂症"。什么样的孩子需要转介专家工作坊,至少需要分管校长或相关鉴定小组认定。

专家工作坊的工作流程:

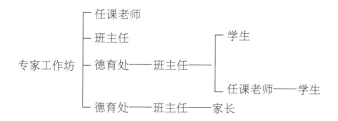

第二节
朋辈辅导：青春期症候群的润滑剂

所谓朋辈，就是指伙伴、同伴，一般是年龄相仿、有相似生活经验的人，通常情况下他们会具有相同的世界观、共同的爱好和文化背景，关注的焦点也很相近，这也让他们能够"聊得来"，易于沟通且不会有压力。在日常的学习和学校生活中，朋辈辅导员由于接受了专业的培训，更易于发现同学出现的心理问题，及时伸出援手来帮助他们缓解情绪、解决问题，让他们感受到一种关怀和支持，从而增加了正性资源。[①]

青春期是青少年发展的"危险期"，通过朋辈活动，可以顺应青少年的心理发育特点，发挥青少年的自主性，满足青少年的独立性需求，满足青少年强烈的归属感，帮助青少年全面分析问题，减少各种冲突，有效应对中小学生的青春期症候群。[②]

一、朋辈辅导的特点

朋辈辅导员都是主动去帮助他人的，具有很强的助人特点，这些孩子更友善，愿意在生活中发挥自己的热情；虽然朋辈辅导员是经过专业

---

① 吴菁：《依托朋辈辅导 培养健全人格》，《江苏教育》，2017年第40期。
② 江嫣红：《朋辈活动在青春期教育中的实践研究》，《江苏教育》，2017年第40期。

培训的,但是他们本身并不是专业的,所以说这是一种非专业或者说是半专业的助人活动;朋辈辅导操作比较简单,对中小学生而言也能迅速上手,易于实施;由于朋辈之间有共同性和共通性,减少了来访者的心理阻抗,彼此之间能够形成更好的关系,与专业的心理咨询相结合后,会有更好的效果。因此,朋辈辅导员具有以下特点:

(1) 广泛性。学生在校接触最多的就是自己的同学,一起学习,一起讨论感兴趣的话题,班级朋辈辅导员可以随时了解周边同学心里的烦恼,及时发现问题并作出判断。

(2) 易接受。在校内进行不记名生活调查时,问到"你会跟谁说说自己的烦恼"时,有八成中学部的学生选择关系好的同学或好友,而小学部高年级也有六成学生选择了类似的答案。

(3) 相互成长。朋辈辅导是一个人际互助的过程,在帮助来访者解决问题的同时,也促进了朋辈辅导员的自我成长。

二、朋辈辅导的实践

1. 朋辈辅导员的挑选和培训

每年9月份初一新生入学后,学校心理老师会对每个学生进行心理健康调查,建立新生心理健康档案。通过问卷调查的形式,挑选出有意愿、有能力担任朋辈辅导员的学生,进行朋辈辅导员职责、技能的培训。朋辈辅导员需要懂得心理学的一般知识,了解常见的心理疾病,掌握一些心理咨询的基本技能。对朋辈辅导员的培训主要从理论讲解和实践演练两个方面展开,以理论和实践相结合的方式快速地培训学生的心理学知识与技能。经由筛选和培训合格的学生将担任为期一年的朋辈辅导员。

2. 朋辈辅导员制度概述

朋辈辅导员在教师的指导下开展互助活动,内容主要是应对同班同学或者更低年级同学在生活或学习中遇到的一般适应性心理问题。从实践上来看，朋辈辅导员的行为干预机制主要分两种：朋辈支持模式和朋辈领袖示范模式。前者是通过朋辈辅导员向受助者提供劝导、安慰和关怀等精神鼓励，帮助他们尽快弥合心理伤害；后者则是朋辈辅导员对其他学生进行积极的行为示范，矫正其不良的行为习惯。朋辈辅导员就像wifi点一样，每个班级都有，覆盖周边环境中的同学，弥补了专业心理健康教师配比不足的缺憾。朋辈活动可以提升班级的团队归属感、凝聚力，促进人际交流，将体验、分享、沟通带入班级文化中，从而形成健康温暖的班集体。

3. 朋辈辅导员的职能

朋辈辅导员的日常工作主要是信息收集和信息传递，应定期向心理咨询老师汇报班级同学的心理状况和思想动态。

朋辈辅导员也有心理干预的职能，主要分为三个层次：(1) 发展性辅导，面向全体学生，主要内容包括入学时的适应、学习方法、人际关系等。(2) 预防性辅导，面向部分学生，主要内容包括如厌学、考试焦虑等。(3) 治疗性辅导，面向特定学生，主要内容包括情绪障碍、人格异常、学习障碍等。朋辈辅导员以前两个层次的介入为主，对于需要进行治疗性辅导的学生，朋辈辅导员应及时予以转介。所有的活动都遵循一个最基本的原则，即要维护受助者的利益，要保证受助者从咨询中受益，至少不能受到二次伤害。从此点出发，朋辈辅导员在助人时要遵守保密和公益性两个原则。

同时，在朋辈活动中也要注意朋辈辅导员的自我保护。因此，必须要求朋辈辅导员做好完备的工作记录，并定期向心理老师汇报。这一方面是督促他们，另一方面也是对朋辈辅导员的保护，这些记录可以成为证明朋辈辅导员工作规范的一个有利证据。

4. 朋辈辅导活动方式

朋辈辅导活动以心理辅导为主，同时也有学习和生活辅导。每个班

级可有多位同学担任朋辈辅导员,他们的辅导方式主要有以下几种:

(1) 日常活动的观察:①关心和了解本班同学的情绪、生活和学习情况等,多与同学沟通、倾听他们的心声,力所能及为同学提供帮助。当朋辈辅导员发现个别同学在情绪等方面出现问题,需要及时向老师汇报。②如果发现班级中可能或者即将发生的危机事件的苗头,必须马上向班主任、心理老师反映。③协助专兼职心理健康教师开展课程以及一些团体游戏,上好心理辅导活动课。④组织并参与设计心理板报。

(2) 个别咨询的辅导:①在学习生活中,朋辈辅导员发现有同学出现学习、心理等方面的困难时,自己根据培训所学,在老师的指导下积极给予帮助。②朋辈辅导员将轮流在学校心理咨询室值班,对前来寻求帮助的同学进行辅导或者帮助心理老师做好咨询工作;在此过程中,遇到棘手的心理问题及时反馈给心理老师,以便及早采取干预。

(3) 团体辅导的带领:在九年一贯制学校,依托朋辈活动模式,开展"以大带小"的教育活动。通常在班级团体辅导活动中,都会有朋辈辅导员带领完成游戏活动,朋辈辅导员可以做示范引领者,或者是游戏活动的组织者。在中小学联动的时候,中学部班级中的朋辈辅导员会直接组织小学的班级活动。在初中生小学生的朋辈辅导中,小到给低年级学生讲故事、上队课,大到组织心理课或班会课团队辅导游戏,朋辈辅导员都起着不可或缺的作用。①

三、朋辈辅导在青春期教育中的作用

1. 发挥青少年的自主性,满足对独立性的需求

以活动"朋辈携手,共赢成长"为例:制订一个全校的主题方案,让高年级指导低年级进行心理游戏,而心理游戏的内容、规则都由学生自主决定。高年级学生经过班级群体商量,进行班级内部分工,完成前

---

① 吴菁:《依托朋辈辅导 培养健全人格》,《江苏教育》,2017年第40期。

期策划，选择适合低年级学生的心理游戏，如"有趣的蜈蚣翻身""快乐传递""两人三足"等。在活动过程中，高年级学生不仅要与低年级班级的班主任商量时间安排，还要指导低年级学生分组，教会他们如何玩游戏，在交流的同时分享生活经验、给予关怀。在整个活动过程中，教师与父母只是进行协助，青少年是朋辈活动的主体。活动充分地发挥了青少年的自主性，满足了他们对独立性的需求，还培养了青少年积极的心理品质和强烈的责任意识。

2. 满足青少年的归属感，敞开封闭的心

以活动"与同伴说悄悄话"为例：活动对象为一个班集体，地点为操场，由学生自由报数1—8，报到同样的数字的学生分在一组，完成学生的自然分组。第一个小游戏是"齐心护球"，学生手拉手围成一个圈，把一个气球放到圆圈中间，要求保持气球不落地，且手不能松开，时间最长的组获胜。这个游戏旨在加强同伴间的团队凝聚力，让同伴之间更亲密无间，敞开心扉。第二个游戏是"你来比画、我来猜"：每组选出一个学生上讲台抽签，并用肢体语言比画出纸条上的内容，其他学生猜，在规定时间猜对最多的组获胜。此活动旨在加强同伴间的默契程度，让同伴间心有灵犀。两个热身活动之后，开展最后一个游戏"与同伴说悄悄话"：每个小组成员在一张纸条上匿名写下最近的困惑与伤心之事，放在箱子里，然后每个组员抽取别人的悄悄话，并对纸条上的内容加以评论、进行宽慰。这个活动让青少年在游戏中找到同伴，压力在游戏中得到疏导，困惑在游戏中得到解答。来自同伴的暖心的话会让青少年感觉到温暖，有强烈的归属感，这就是朋辈的力量。

3. 帮助青少年全面分析问题，舒缓情绪，减少冲突

每个班级有两到三名朋辈心理辅导员，他们由心育组老师辅导，对同伴进行心理开导、安慰、支持，以积极的心态来进行心理帮扶。教师了解到学生与父母发生激烈的冲突后，会指导心理朋辈辅导员先介入，

观察学生的日常行为，在学生沮丧、失落时进行陪伴，然后教师再在合适的时机对学生进行开导。同时，朋辈心理辅导员还会定期以班会形式开展"朋辈活动"，让青少年全面地看待事物，认清自己的情绪和控制自己的情绪。①

 案例

"情绪大法官"

活动组织者是朋辈辅导员，将不会处理自己情绪的学生分为两组，每人一张白纸，请他们在白纸上写下最近的一件让自己特别烦恼、焦虑、内疚或痛苦的事情，并写出为什么这件事让自己感觉这么不好。写好后投进属于自己组的那个纸箱内。当所有学生完成后，每组派出一名学生，分别扮演"原告律师"和"被告律师"。由原告律师从对方组的箱子里抽出一张纸条，大声读出纸上的"令人苦恼的事"，然后根据对方写的感觉苦恼的原因去指控对方："受害者之所以感觉烦恼，是由于被告方错误的想法和信念，比如有同学在数学考试几次没考好后开始非常烦恼，他之所以烦恼是认为自己学习能力非常差，所有学科都不如别人了。如果单因为没考好而烦恼是可以理解的，但是因为没考好就怀疑自己的能力，导致烦恼情绪扩大甚至出现自卑，是有问题的。"然后阐述有问题的理由。"被告律师"可以进行申辩，证明对这件事同学表现出的情绪是合理的。三分钟辩论后，请写这张纸条的学生发表自己的想法，其他同学都是"情绪大法官"，举手表决哪位律师的话更有道理，胜利的律师为自己所在组加上一分。两组轮流扮演被告方和原告方进行辩论，直到所有学生都参加过一轮辩论为止，最后邀请学生分享感受。在这整个活动中教师是不参加的，学生更愿意表达出真实的心理感受，同时在一场场辩论和引导中学生能释放自己的情绪，学会自己分析

---

① 江嫣红：《朋辈活动在青春期教育中的实践研究》，《江苏教育》，2017年第40期。

问题，解决问题。

苏州工业园区星湾学校朋辈辅导员培训方案[①]

培训计划	培训目标	培训内容	课时安排
朋辈咨询计划介绍	了解朋辈辅导的责任与义务，加深学生对朋辈辅导工作的认同感	1. 什么是朋辈辅导 2. 为什么做朋辈辅导员 3. 朋辈辅导员应具备的能力 4. 朋辈辅导员的工作理念与职责	1课时
心理学原理	应用型较强的心理学流派和具体的心理咨询原理介绍，丰富学生的心理学知识	结合案例和视频深入浅出地了解合理情绪疗法、贝克认知疗法和行为主义中的系统脱敏法、冲击疗法、厌恶疗法、放松疗法等	1课时
心理咨询中的原则、技术与技巧	了解基本概念，学习和运用心理咨询的技巧	结合案例和视频讲解心理咨询中运用的基本技术：倾听、共情、具体化、简述语义、自我暴露、面质等	1课时
面谈的训练	精微咨询训练	以精微咨询训练的方式，不断地巩固和自我反思成长	4课时
中小学生心理问题的识别	了解中小学生常见的心理问题，并对一般的心理问题、严重心理问题等有初步的判断能力	1. 心理健康的标准 2. 中小学生常见的心理问题：学习问题、人际关系问题、情绪管理、自我意识等 3. 心理问题的区分，明确哪些需要上报给班主任与专兼职心理健康教师	1课时

[①] 吴凡：《九年一贯制学校朋辈辅导员的培训》，《江苏教育》，2017年第40期。

苏州工业园区星湾学校精微咨询训练方案[1]

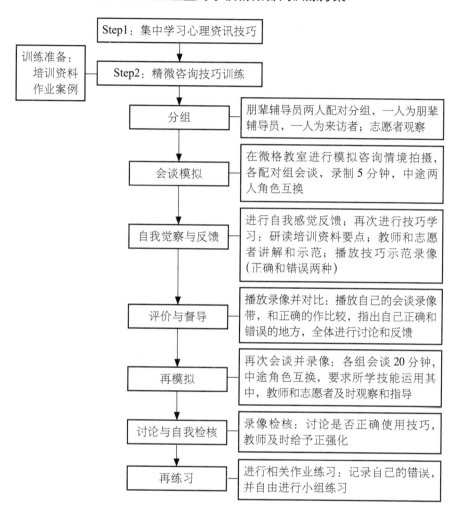

---

[1] 吴凡:《九年一贯制学校朋辈辅导员的培训》,《江苏教育》,2017年第40期。

第三节
家长叙事：家教干预新尝试

青春期是一个人成长过程中的重要阶段，孩子们的生理和心理都会发生很大的变化。他们遭遇自我的冲突，他们试图冲破成人世界的种种束缚，用种种方式来证明自己的长大。面对青春期孩子表现出来的种种不可思议的言行，大部分家长经常处于迷茫阶段。作为班主任，如果能对他们进行有效的家教干预就显得尤为重要。

一、基本理念

1. 母道的意义

"所谓母亲的技巧，我们指的是她和孩子合作的能力，以及她使孩子和她合作的能力。"阿德勒首先把孩子缺乏合作的责任归咎于母亲。当一个母亲甚至是一个家庭把唯一的孩子当成他们的私有产品，百般疼爱，有求必应，唯恐与别人家的孩子在一起会吃亏、会受伤害，被这样的溺爱包裹着长大的孩子如何知道合作？而老一代的一些父母也许没有很高的文化水平，也没有很深的理论认知，他们的孩子却因为有了更多的兄弟姐妹，在正常的家庭生活中自然就要培养一定的合作精神。所以从客观方面讲，新时代的父母要比老一代的父母遇到的挑战更多！

母道的意义在于一位母亲因为有了孩子而完成了一生中最伟大的

一件作品，生孩子不是为了完成传宗接代的任务，孩子也不是生活的累赘。如果认识不到这一点，一些小夫妻就会把孩子丢给老人，自己去过逍遥的二人世界。母道的意义更在于一个母亲要设法扩展孩子和别人的联系，并教导他和环境中的其他人平等地合作。母亲不能把孩子当成自己的私有产品，她有责任把孩子对母亲的天然依恋引导为对家人的依恋，并引导孩子与他人合作，进而引导孩子与整个社会产生联系。在孩子身上，不要展开爱的争夺，而应该把社会责任放到孩子的肩上。

2. 父教的意义

男主外，女主内，这是我国传统的家庭分工：父亲在外挣钱养家，母亲在家相夫教子。但是，我们不能因此就要求父亲付出他不能负担的金钱，当然，父亲也不能以为他可以只凭金钱来保证孩子的前途。也就是说，妻子和孩子既不能认为父亲就应该挣钱养家，也不能用攀比的心态指责父亲没有让自己过上更富裕的生活；而父亲也不能以挣钱的多少来确定自己在家庭中的地位，更不能认为只要自己能挣足够多的金钱，孩子的教育就与自己无关，把责任全部推给母亲，这是彻底错误的。

父亲对孩子的影响非常大。在不少孩子的印象中，爸爸往往会带上暴力的色彩。我们的文化里也推崇"慈母严父"这样的角色定位，于是妈妈总是袒护孩子，如果孩子顽皮到需要惩罚的时候，她就会对孩子说："等你爸爸回来揍你！"让父亲扮演"仇人"的角色，阻断了孩子和父亲的联系，影响了孩子的合作能力。当然，现代家庭还有很多角色倒置的情形，"虎妈猫爸"也大有人在。教育孩子是父母合作的事业，不能把责罚推卸给任何一方，这是逃避责任，试图独占孩子的行为。

阿德勒说："假如父亲在自己的行业中很有成就，他不应在家庭中过分强调自己如何如何的成功，如何如何的了不起，否则孩子们的发展便会受到阻碍。"无论你的事业多么成功，千万不要在孩子面前炫耀你的才华和能耐，特别是男孩，因为这容易给儿子造成父亲无法超越的心理暗示。

二、家长叙事及其注意事项

1. 传统的家教干预方式

（1）家长会。家长会是学校最通用的家教干预方式，普及性强。学校从年级部或者整个班级层面召开家长会，对学生的在校表现、不同年龄段的学生特点以及家长们应该关注的一些问题进行概括性的指导。由于是集中性的指导，政策性内容居多，家教干预的针对性不强。

（2）专家讲座。邀请在家庭教育方面有一定研究的专家学者，针对青春期孩子的特点，对家长进行集中性讲座辅导，这是妇联、工会、社区等组织机构最常用的方式，目前这种家教干预方式也被不少学校采用。但是专家毕竟人少而且忙碌，每个家长得到指导的机会有限。况且邀请专家一般是需要费用的，在一定程度上也影响了家教干预的连续性。

（3）个别指导。对于有一定专业指导能力的教师来说，最行之有效的家教干预方式应该是个别指导，不少骨干班主任都有这方面的经验。个别指导是在以上程序基础上的深入，针对某一位学生的青春期症候特征，对其家庭教育方式给予探索性指导。个别用心的班主任还能以随笔形式记录干预的经过，可以不断反思促进成长。

（4）网络指导。通过 QQ 群、微信、家校通等网络平台，与家长进行沟通交流，既可以个别指导，也可以群发文件，还可以链接专家建议等等。通过网络进行家教干预将是未来发展的趋势。

传统的家教干预虽然形式丰富，但是或多或少都存在一定的不足。家长会虽然普及性强，但是缺乏深入性和针对性；专家讲座缺乏连续性；个别指导具有针对性，且能深入，但普及性又不够；网络指导的有效性也不够理想。有没有一种更加有效的家教干预方式，可以弥补传统方式的不足？这成为了我们的探索方向。

2. 有效的家教干预尝试——家长叙事探究

高老师是经验丰富的班主任，在所接的七年级新班磨合一个学期之后,她发现在家庭教育方面,家长们迫切需要交流的平台和比较专业的指导。经过课题组合议,高老师决定在班级里举行一次家长叙事活动。

高老师首先在三个类别的家长中各选 2～3 人。一类是对家庭教育有一定正确理解的,一类是处于迷茫状态但很想学习的,还有一类是自我放弃不问不管甚至是教育方式简单粗暴的。课题组三位成员以专家老师身份参与其中,高老师全程调控兼活动主持。

在高老师简单暖场之后,家长们开始叙述自己教育子女的故事。有的家长叙述的是成功的经验,有的家长叙述的是失败的教训,更多的家长叙述的是目前的困惑。针对每一位家长叙述的故事,家长们相互之间展开互动交流,四位老师穿插为他们分析解惑。整个活动过程是敞开的,热烈的,不管是倾听的还是倾诉的,都在不知不觉地接纳对方和调整自己,这是一场能量的补充,在更新家教观念寻求生命成长的过程中,大家都需要勇气。

一个有趣的现象是,活动进行到最后,家长们不仅就在读的孩子进行交流,还希望就不在读的孩子进行交流,甚至要交流家庭成人关系方面的问题……这样的家教干预是多方位的,是深入的,是值得继续探究的。

3. 家长叙事注意事项

高老师的家长叙事活动个案,引发了我们对这种家教干预方式的反思:

(1) 家教干预之前的准备工作。

①了解孩子。青春期孩子的生理和心理都在发生剧烈的变化,容易冲动,观点偏激,喜欢冒险……作为老师,要充分了解青春期孩子的特点,对他们给予尊重和理解,并进行有效的引领和疏导。

②了解家庭。教师在做家教干预之前必须了解清楚孩子的家庭结构、教养方式、家长的职业、受教育水平以及祖辈的相关情况,当了解了这些情况之后,对青春期孩子呈现的种种症候就大致有了初步诊断,

为进一步采取干预措施提供了重要依据。

③建立信任。进行家教干预，班主任一般比任课老师更有效果，因为班主任和学生、家长接触比较多，感情就相对比较深厚。当班主任和家长建立了信任关系，对信赖的老师提出的建议，家长都是愿意采纳的。

（2）家教干预过程中的注意点。

①耐心倾听。家教干预时一定要留给家长足够的时间叙述，确保干预更加充分、深入。在家长叙事时，专家老师或旁听家长都要耐心倾听，切忌打断指责，其实他们在叙述的同时也在自我梳理和调整。倾听，不仅是尊重讲述者的表现，也给自己留下了思考的空间。

②共情互动。在家长叙事之后，倾听者要从家长的角度理解他们的感受，可以互动交流自己的相同感受或简述自己的经历感悟。这样的互动共情过程，表达了彼此之间的真诚和包容，为下一步的诊断和建议打下了坚实的基础。

③准确诊断。在倾听和互动的阶段，指导者要根据信息梳理自己的思路，对需要进一步了解清楚的问题，也可以在互动中提出。在这样的过程中逐渐形成自己的诊断意向：这个家庭的教养方式存在什么样的偏差，有哪些可取的地方，需要在哪些方面着力矫正。

④有效建议。在家教干预的过程中，家长们互相之间也会提出很多建议，作为专家老师，此时需要去粗取精，拟定重要的几条建议，不能太多，要有长期工作的思想准备，一步一步来。在家长叙事活动结束时，专家老师要有总结，突出自己的有效建议。

（3）家教干预的后续工作。

①定期随访。在上一次家教干预之后，班主任要根据孩子的情况定期随访。配合传统的家教干预方式，一些针对性的建议和专家观点，还可以通过网络和家长分享以巩固干预效果。随访不能太频繁，也不能间隔太久，一周一次比较合适。

②鼓励坚持。青春期的孩子经常会有新动向，他们会根据家长的改变而改变行为方式。在听从专家老师的建议之后，孩子并没有因自己的

改变而达到满意的效果,家长的信心容易动摇。此时需要班主任的及时鼓励,家校连心联手,彼此陪伴,坚定信念。

③干预渐进。一次干预后的一段时期,需要同一批家长再次集中进行叙事活动。他们的叙事会给彼此提供参考,从他人的叙事中可以看到自己的长处和不足。团体叙事活动一个学期以1～2次为宜。

④记录反思。青春期家教干预的研究,在帮助学生和家长成长的同时,更重要的是促进了教师自身的成长。无论是班主任还是专家老师,在这个过程中都要做好资料的记录整理工作,不断地反思改进过程中的疏漏和不足,为下一次的干预跟进寻找突破点。

加拿大教育家范梅南说:"父母是孩子最早的教育家。"可见,家教干预不应该在孩子到了青春期之后才进行,而应该贯穿孩子生长的全过程。然而,由于我国在父母培训方面缺乏系统的社会保障体制,年轻父母更多的是复制父辈们的教养方式,有的隔代抚养,有的散养,不少人缺乏基本常识和科学指导。作为专业的教师,即使有能力进行家教干预,对学生来说,也往往错过了最佳的矫正时期。所以,家教干预越早越好,而且是当务之急!

附同伴互助式家长叙事实施流程:

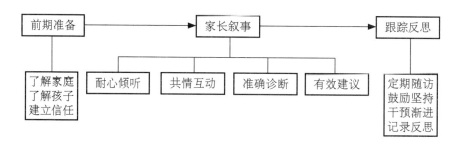

第四节
自我修炼：专业成长的不二法宝

美国教育家帕克·帕尔默在《教学勇气》一书中阐述：真正好的教学不能降低到技术层面，真正好的教学来自教师的自身认同与自身完整。自身认同就是生命中的所有力量汇聚，进而形成神秘的自我。这些力量包括基因、性格、环境，还包括支持自己的人和伤害自己的人，也包括对别人和对自己做过的有益的或无益的事情，爱和痛苦的体验等等。而自身完整则要求识别那些能整合到我们自我个性中的东西，分辨其中哪些适合我，哪些不适合我。

无论教师还是家长，应对青春期症候群最关键的因素还是自我修炼，我们必须提升自己的专业素养，在不断的自身认同和自身完整中，强大自己的生命能量，这样才能有底气地、笃定地面对个性迥异、变化成长中的青春期孩子。

一、读写结合，在"做"中学

哲学家叔本华说："每个人都把自己视野的极限当作世界的极限。"所以，一个人要让自己的视野变得更为开阔，就需要更加深入和精确地领悟他每天所经历的事情。作为教师，修炼的最佳方式就是坚持读书思考，坚持写教育随笔，读写结合，这也体现了美国教育家杜威提倡的

"做"中学。

新教育实验发起人朱永新老师最早提出的成功保险就是非常好的例证。他说,只要一位老师能够每天坚持写1000字的教育随笔,10年以后,如果还不成功,现在就可以投保,到时候他以一赔十。当然,每个人对成功的定义不同。对于一名教师来说,坚持写教育随笔一定是走向成功的起点。参加新教育实验的很多老师,都是通过写教育随笔来提炼自己的教育教学实践经验,总结成果并出版专著的。我个人就得益于新教育的师生共写随笔项目,坚持为一名学生写了三年的档案跟踪记录,最后出版了《孩子,我看着你长大》一书。

如果我们仅仅满足于写教育随笔,循环往复地记录自己的日常工作,而不能广博地阅读国内外优秀的教育名著的话,几年之后,我们的随笔记录包括我们的教育实践,就有可能进入一种瓶颈——总是在同一个平面上旋转,思考深度和广度都难以突破。破解这种困惑的有效办法就是读书,不仅仅要读自己学科专业方面的书,更应该多读一些教育学和心理学方面的名著,读国内外大师的专著,如孔子、老子、杜威、阿德勒、怀特海、佐藤学……

杜威认为教育即生长:"把教育看作为将来作预备,错误不在强调为未来的需要作预备,而在把预备将来作为现在努力的主要动力。为不断发展的生活作预备的需要是巨大的,因此,应该把全副精力一心用在使现在的经验尽量丰富、尽量有意义,这是绝对重要的。于是,随着现在于不知不觉中进入未来,未来也就被照顾到了。"无论是学生、教师还是家长,我们都应该具备清零意识,要把主要精力投入到日常的读写结合中,善于总结经验,长期坚持思考,未来就会不知不觉地被照顾到了。

教育本身就是一种生活,而不是将来生活的预备。无论是作为老师,还是作为家长,我们都要清楚地认识自己,努力实践,读写结合,长期坚持,尽量丰富自己的教育教学经验,在自身认同的过程中去努力实现自身完整。坚持读写结合,无论是对于自己的生命成长,还是对于孩子的生命成长,都是有益的,是一件非常有意义的事情。

二、接力共读，在团队中成长

一直有人这样说：一个人可以走得更快，一群人才能走得更远。当我们的个人积累达到一定程度的时候，内心是渴望有团队能够碰撞同行的，此所谓共同体建设。

真正的共同体一定是志同道合的，团队成员会在共同体中找到他们的精神家园。我们的"青葵园"共读团队，就基本实现了这样的要求。"葵"的意象，重在向师、向日、向善；"青"的意象，重在青涩、青春、清纯。我们希望这个园子中能见证孩子的成长，也见证家长的成长，更能见证老师的成长。我们都是青葵，都在渴望成长。

"青葵园"始于一个语文备课组的建设，由来自苏州工业园区星港学校的一批中小学语文教师组成。由师生共写随笔开始，到每天共读教育名著。青葵园约定：各成员自行阅读规定文本，结合自身实践体会，每周摘录一段有感觉或有意义的箴言，并根据这则箴言撰写200字以上的感悟，在规定的时间内上传到QQ群共享，其他时间则可以自由提出与教育教学有关的有价值的话题或参与话题讨论。采用这种"共读接力"的方式，日日与大师对话，多年如一日地坚持下来，八年已共读了《教学勇气》《教学机智》《教育目的》《自卑与超越》《每个孩子都爱学》《静悄悄的革命》《学校与社会·明日之学校》《思考的艺术》《语文科课程论基础》《脂砚斋重评石头记甲戌校本》《论语》《心流》等十多部教育名著，形成了一百多万字的集体性心灵成长实录。这些文字虽然略显破碎，但每一段摘录、每一点感想，都像一面镜子，记录了青葵们真实的心灵拔节过程，见证了青葵们在共同体中绚丽绽放的瞬间。青葵园有固定的核心成员，也有流动的嘉宾成员，相继有上海、山东、河南等地的众多读书爱好者参与过青葵园的"共读接力"活动。

青葵园伙伴郭萍老师说："教育理论的共读，让我们懂得，当我们无法改变环境和制度的时候，要清醒地辨别各种甚嚣尘上的新潮和司空见惯的常规之真伪；与大师们对话，则让我们认清自己乃芸芸塔基中的一分子，就少了许多焦躁，多了一份淡定。"

记得有一个著名的心理学实验：把一群猴子抓到一个笼子里，然后向笼子里扔香蕉，猴子们就会冲上去抢香蕉。这时实验人员就开始电击，遭遇电击的猴子就会跳开。于是再扔香蕉，猴子们再去抢，再电击，猴子再跳开。重复这样的实验多次之后，如果继续向笼子里扔香蕉，猴子们还会去抢香蕉吗？当然不会，即使不用电击，笼子里的猴子也不会去抢香蕉了。然后改变实验条件，放一只新猴子进笼子，再往笼子里扔香蕉。此时会有什么情况发生呢？只有那只新猴子会冲上去抢，还需要电击吗？当然不用，因为那群老猴子们会一起冲上去把这只新猴子拉回来——团队文化已形成并发挥着作用。

青葵园经过了这么多年自觉的行走，大家都有自己的教育教学态度。当一种积极的团队文化形成之后，我们会自觉外出参加各种培训，自觉坚持共读接力，不需要任何外力逼迫，而是自我成长的需要。如果哪一天团队成员觉得不需要这样的接力共读形式了，也可以自主放弃。"共同体是个体内部不可见魅力的外部可见标志，是自身认同和自身完整与外部世界联系的交融。"青葵园这个小团队，就符合帕克·帕尔默在《教学勇气》里所提到的共同体的特征。

三、申报课题，在科研中提升

更多的老师，是为了评职称或为了评荣誉而申报了课题。因此，学校教科室的课题，一般情况下，教师申报的都是学科专业方面的课题，很少申报德育课题。在江苏省，评正高职称或评名教师以上荣誉，要求必须是本学科专业对口，但学科设置中又没有"德育"类。所以，学校老师如果申报德育课题撰写德育论文，从晋级角度来说是不划算的。

于是，学校老师的专业成长就变成只在学科专业方面发展，而忽视了德育素养的提升，尤其是对学生成长的关注也极大地减弱。应对青春期学生的种种症候群现象，迫切需要教师提高自己的德育能力，而培养德育能力的有效途径就是研究德育课题，在科研中提升实力。

那么德育课题应该从何处入手呢?

1. 从班级管理实践中的实际问题入手

比如,应试教育的大环境下,为了提高升学成绩,最流行的做法就是题海战术。历史上从没有一个时代像现在这样让学生疲于应付,于是学生抄作业现象就越来越严重。不仅学困生抄袭作业,不少优等生也开始抄袭作业,如何有效地矫正这种抄作业的行为呢?有老师提出了"学生抄作业行为矫正方略的研究"的课题。

我们在班级管理以及其他德育工作实践中经常会遇到一些问题,这时,作为班主任或任课老师,就不应该回避矛盾,而应该分析研究这些问题,提出有思考有价值的课题来。

2. 从怀疑传统活动和已有的教育模式入手

教师进行课题研究,必须更新已有的思维方式,不受思维定势的影响,对一些习以为常的东西,或专家认同的东西,要持大胆质疑和批判的态度。

比如,"抓两头,带中间"一直是德育工作特别是班主任工作的一个常用的策略,但往往中等的学生成为被教师忽视的群体。在"关怀每一个学生"的教育理念下,有一位班主任就提出了"对中等生群体的成长关怀的研究"的课题。

3. 从学校教育和社会教育交叉所产生的空白区入手

家长对孩子的期望往往比较高,这无形中给教师增加了压力。于是,如何与家长沟通,做好家校联系工作,让家长理解并支持教师的工作,并且能够形成合力,就成为一直困扰班主任的课题。而青春期阶段是学生种种问题爆发的高峰期,孩子的问题又与家庭教育的方式有很大关系,那么老师们如何通过适当的家教干预来促进学生的健康成长呢?于是,一个新的课题就产生了——"中小学生青春期症候群及其家教干预的研究"。

4. 从德育研究的讨论热点入手

"讲起来重要，干起来次要，忙起来不要"，这仍然是目前学校德育存在的最大困境。学校德育步入这种困境的原因复杂，众多研究者们从多种角度进行了探究，社会、学校以及家庭这三个教育环境对德育的影响逐渐成为了讨论的热点。

比如，学校的德育活动往往着眼于学生身上的消极因素和缺点，忽略了学生身上的积极因素和优点，导致学校德育成为"盯人"的活动，变成"抓辫子"的工具。并且，全国上下的学校，普遍存在培训学生说谎以应对上级检查的现象。因此，有学校提出了"多元文化背景下中小学生的生活方式和价值观取向的研究"的课题，是非常有意义的。

不管是从哪个角度入手，研究德育课题必须真正地喜欢，只有沉醉其中，肌骨才会茁壮，生命才会拔节，研究过程中才会收获曼妙的风景。如果因为种种缘由，用敷衍应付的态度做课题，纵使拥有再多的头衔，专业素养也是欠缺的。

第五章

应对和干预青春期
症候群的典型案例

第一节
莫家事

莫家事

老莫打来电话,说儿子小莫(寄宿学校初三学生)从国庆节开始就没跟他说过一句话,这次元旦放假回家更是连他妈妈也不理。希望身为"发小"的我家儿子能跟小莫聊聊,探听一下他心中的症结。于是,我们一家风尘仆仆赶到莫家。

进了家门却不见小莫。原来在我们之前,老刘(老莫的朋友,资深教育人,教过小学、初中、高中和成教)已赶到莫家,把小莫从沙发上"骂"起来了,现在正带他到外面谈心去了。

老莫忧心忡忡,述说了一些原委:国庆节,他一家本打算10月2号到南京玩一趟,却与小莫的朋友的生日聚会时间上冲突。父亲觉得孩子之间的聚会并没多大意义,而南京之行既是父母二人多年的心愿,又可以让小莫增长见识;而且老莫认为那位过生日的小朋友并非良友,不希望小莫与他交往过密。儿子却认为自己在外读书多年,好不容易才有机会和小学朋友聚会,不宜爽约。于是,父子之间爆发了一场冲突。结果南京没去成,小莫也没能参加朋友的生日聚会。国庆节后,小莫回学校写了一封长长的信,历数自己的委屈与不满。比如父母对他限制太多，就连他交往的朋友父母也要帮他筛选，而筛选的标准无非学习成绩，他们根本看不到同伴别的方面的优点；父母只关心成绩，不关心他的内心感受；总看不到他的努力，不相信他，有时他明明是在思考问题，父亲"却走过来摸着我的头（假惺惺的亲切）说，是不是又在想游戏了"；不如别人的父母开明，偶尔"邯郸学步照搬别人家的做法，也显得虚假"……最后，小莫甚至在信中说："你们是我最痛恨的人！"老莫一气之下也扔下狠话：不要我管可以，要是你考不上××中学（当地最好的高中），就不要读书了！

从此，小莫不再同老莫讲话。尽管老莫写了一封更长的信，推心置腹地讲述自己如何在意儿子，关爱儿子，甚至请了老刘一起去学校和儿子谈心，小莫依然冷漠。昨天下午放假回家之后就一直歪在沙发上抱着iPad玩游戏，通宵达旦，觉也不睡，饭也不吃，直到今天老刘来把他拉出去……老莫忧伤地自责道："都是我把他逼得太急了！现在我也不要他成绩如何了，只要他快乐就行。"

印象中小莫是一个朴实、内向、勤奋、懂事的好孩子，老莫夫妇也是特别善良淳朴的本分人家，难以想象这个和善而朴实的家庭中有如此激烈的撞击！

晚饭时，老莫又叫上朋友袁老师一家，四个家庭聚在一起。小莫和我儿子坐在一起，融融洽洽一似往常。席间觥筹交错，互相敬祝。每每老莫端起酒杯唤全家一起敬某家的时候，小莫也站起身，和对方家庭碰杯。我暗暗佩服老刘，一下午就把这个倔强的孩子驯服了。

酒过三巡，老刘站起身来，要小莫敬自己的父母一杯，小莫却好似没听见一样纹丝不动。为了缓解尴尬，有人提议大家一起来，于是人人互相碰杯，但我注意到小莫的杯子跟每一个客人碰了，却不愿和父母相碰。坐定之后，老刘亲切地走过去，拉着小莫的手，声情并茂地演讲起来，他既批评老莫夫妇俩不懂得关心孩子的心灵、不懂得尊重孩子的情感，又指出父母的艰辛不易，希望孩子能用心感受。就像那些励志演讲的专家一样，不一会儿就把全场震得鸦雀无声，动情之处，我也不禁泪花闪闪,老莫更是忍不住掩面哭泣起来。或许是觉得时机已成熟,老刘拿起小莫的手,再次要求小莫敬父母一杯酒,谁知小莫居然手腕一抖,半杯饮料全部泼洒在饭桌上了,脸上表情冷如寒冰。如此的倔强和反叛就连同龄的我家儿子也吃了一惊。

一时场景极为尴尬,我和几位客人悄悄退到包厢外,只留下老莫一家和老刘,儿子本也想跟着出去,我让他留下来陪陪小莫,他也就同意了。

半个多小时以后,老莫夫妇出来了,然后老刘也出来了,让两个小朋友在里面聊。

将近十点,我走进包厢,问儿子:"今天是要留下来陪小莫还是回家?"没等儿子说话,小莫抢先说:"你们回去吧。"我问小莫:"心情好些了吧?"他说:"我本来就没什么,都怪他们神经病呀!"一脸无所谓的表情。我有些哭笑不得。

回家的路上,我问儿子:"小莫真没什么吗?"儿子说:"哪能呢?今天他跟以往大不一样。我问他有没有什么不爽的,他总说没什么。他对我也不愿意说心里话,没办法!"

无功而返,儿子的心情有些沉重,甚至有些烦躁地说:"其实,每个人都会有心情不好的时候,不希望别人打扰,过一段时间就会好的……我觉得你们大人太小题大做了!"

后续:

小莫初中毕业,没能考上老莫指定的高中。三年后的高考也只能算差强人意。但如今父子关系和谐,家庭氛围融洽。莫妈妈说,父子俩抗衡两年,还是老莫胜利了。莫妈妈感慨道:现在看来,父子俩的性情简直一模一样!

令人意想不到的是,曾经帮助老莫教育孩子的老刘陷入了与老莫当年相似的困境,中年才得来的儿子小刘青春期逆反异常激烈,以至于父子俩无法和平共处于同一屋檐下。年轻的小刘妈妈一方面无法说服她敬若师长的丈夫老刘,另一方面也无法平抚一向由爸爸管教的爱子小刘,于是正在读初三的小刘被送往莫家寄宿，并从市中心的原学校转学到了莫家所在的乡镇学校。一个学期后，小刘以优异的成绩提前考取了市区最好的高中。照顾小刘一个学期的莫妈妈说，小刘寄宿期间表现非常好，和小时候一样乖巧懂事，通情达理，勤奋上进……大概是老刘太较真了。

在老刘的悉心照顾和精心培养下，小刘身体倍棒，品学兼优，多才多艺，乖巧多礼……简直就是一个美煞旁人父母的"别人家的孩子"。老刘则是熟人圈里出了名的有本事的"好爸爸"。也正因为如此，当莫家父子水火不容的时候，老莫才会请老刘出手援助。可谁知道，故事的结局竟是老莫一家拯救了老刘父子。

番外：

跟随当老师的姐姐离家来苏求学的小川，在老师们眼里是一个腼腆而懂事的小暖男。他会主动跟老师打招呼，不论教他还是不教他的，他都会羞涩地微笑着叫声"老师好"；虽然成绩不够优秀，但作业总能按时完成，偶有遗漏，也会主动说明原因，并自觉补好。有一次，我在课上表示对全班同学的表现很失望，课后小川特意跑来解释缘由，并安慰我，希望老师不要生气，更不要不管同学们了……所以，尽管小川在人群中并不起眼，但我对他印象极佳。同学和小川也相处得不错，尤其是一些成绩不太好、人缘比较差的同学，和小川却相处融洽，甚至把他当亲兄弟请回家同吃同住。然而，在代行家长义务的姐姐面前，小川却是另一种面目：冷漠、倔强、叛逆、暴躁……初三上学期，小川姐姐偶然发现他早恋了，而且在为他买来练习英语口语的专用手机上，留下了一些尺度大到让人无法接受的聊天记录。于是，姐姐在没有说破的情况下，以提升学习效率为由限制他使用手机。小川起初软磨硬泡，姐姐不为所动；后来愤然作色，认为学习是自己的事情，不需要姐姐指手画脚，然后开始与姐姐冷战；最后，在某个周末去了同学家，就不再回去，长达一个多月寄居在同学家。同学双胞胎兄弟二人，父母偶尔在家，于是三个小朋友自给自足，靠着酱油拌饭过日子。小川姐姐得知情况也很心疼，希望同学家长劝小川回家，未果。老师和亲戚出面调停，小川也有意回姐姐家，却又开出条件：姐姐必须把手机还给他自己保管；不能管他的作业，因为他有自己的规划，也不能把他视作空气；不能以学习的好坏评判他的朋友，因为他们是自己患难与共的兄弟……姐姐对小川的不告而别很生气，更为自己的付出得不到理解反遭记恨而伤心，同时也不愿助长小川的任性，于是双方僵持。寒假里，小川竟有了辍学的打算。虽然最后小川回了姐姐家，坚持读完初中，参加了中考，但姐姐的希望和他自己的理想——考上高中——最终没能实现。

一、案例分析

借用托尔斯泰的语言范式：青春期的叛逆都是相似的，度过的方式各有各的不同。小莫、小刘和小川，三个孩子的叛逆，除了在表现形式的激烈上相似以外，争取独立自主的意识也相当一致：不管成绩好坏，自己的学业不希望家长插手；不愿意家长为自己制定目标；不欢迎家长功利性地评判自己的交友……此外，他们都是通常意义上的"别人家的乖孩子"。他们生活在普通家庭，双亲健全，家庭和谐；他们从小听话、懂事、朴实、守礼；不论成绩优秀与否，他们都是让人省心的孩子。然而，当青春的叛逆汹汹而来，乖孩子的表现却比许多"熊孩子"还令人瞠目结舌。几近崩溃的老莫、束手无策的老刘以及伤心失望的小川姐姐，都身兼家长和教师双重身份，也见惯了一茬又一茬青春期症候群，面对自家的"叛逆者"时，却依然一筹莫展。

相对而言，三个家庭中，老莫的态度是最积极的。当孩子与自己尖锐对立的时候，他多方寻求解决的办法，不仅如上所述请朋友帮助调和，还阅读了许多专业书籍，咨询别的家庭亲子相处的良方……忧心忡忡的老莫渐渐平和，左冲右突的小莫慢慢长大，最终多年父子成兄弟。

小川姐姐作为名不正言不顺的家长，显然有些吃力。尽管她是朴实父母眼中最出息的孩子，是弟弟的榜样，可是在弟弟眼里，姐姐的角色应该是童年的玩伴,是同气相求的朋友。相安无事的时候姐弟俩可以亲密无间,一旦发生冲突,"家长力"就明显不足。住在姐姐家,小川始终觉得自己是客人,无法获得"家"的认同感,甚至觉得远不如住在同学家里自由自在。代理家长毕竟不是家长,这一点在许多留守儿童身上也有鲜明的印证。

老刘在孩子的早期教育中无疑是成功的,孩子各方面的优秀就是无声的奖章。然而,成功人士管控欲太强的特点在老刘身上也特别明显,自家孩子"不共戴天"的超强反叛自不待言,只看元旦晚宴上一再要求小莫向父母敬酒的举动就可见一斑。一定程度上可以说,那一顿饭,是老刘把小莫的叛逆推向了高潮,致使莫家亲子矛盾指数提升了"档次"。

二、应对与干预措施

青春期是孩子身心发展呈现标志性特征的重要阶段,大多数孩子都能安然度过,但也有相当数量的孩子,会掀起巨浪狂澜。叛逆,就像一个火药桶潜藏在孩子体内,不知什么时候就炸了。小莫、小刘和小川,这些普通家庭的乖孩子,比起许多"熊孩子",他们无疑是让家长省心的一类,然而当青春期的叛逆爆发,他们的表现却几乎让家长崩溃。即使温和度过青春叛逆期的孩子,也同样有许多让家长和老师头疼的变化。那么,在这一特殊时期,家长和老师要如何积极应对和干预,才能帮助孩子顺利驯服叛逆的猛虎,细嗅青春的蔷薇呢?

1. 正确认识成长规律,坦然接纳青春的叛逆

叛逆期是青少年的心理成长过渡期,其独立意识和自我意识日益增强,迫切希望摆脱成人(尤其是父母)的监护,反对父母把自己当成小孩;担心外界忽视自己的独立存在,从而用各种手段、方法确立"自我"与外界的平等地位;为表现自己的非凡,常常对任何事物都倾向于批判的态度;遇事容易激动,行为特点以不计后果为主……认识并接纳

这些青春叛逆期的外显特征，就像接受感冒了会有发热流涕等症状一样自然，从而保持一颗平常心，就不至于过分紧张或过激反应。在这种平常自然状态之下，老师和家长才有更好的心态和更智慧的措施对迷茫的孩子施以援手。

2. 努力与孩子"共情"体验，允许情绪释放

叛逆期的孩子，很多时候处于自我期待和自我实现的尖锐矛盾之中。从心理上，他们极力认可自己"我已经长大了，我能行！"然而，现实中必然会碰到种种力不从心的状况，他们还不习惯接受挫败，更不能忍受此时来自外界的指责。一个考试考砸了的孩子，不管你对他严厉地批评还是善意地激励，都有可能引发对抗情绪，原因就在于此。"我理解你"是此时最能抚慰孩子左冲右突、易燃易爆的心最有效的良方。作为过来人，老师和家长需要设身处地与孩子"共情"，真正理解他的期待与挫败，他的无助与不甘。在理解的基础上建立信任感，你才更有可能成为倾听他心声的朋友，而不是被拒之门外的敌人。同时，要允许负面情绪的释放，甚至主动帮助孩子提供发泄的渠道。风暴之后，天朗气清，在孩子心态平静时，沟通与帮助会更有效力。

3. 父母要自觉成长，主动撤退

家长要认识到：你的孩子不是"你的"，他是他自己的。青春期孩子自我意识空前膨胀，不再愿意做那个听话的"乖宝宝"，这是成长的正常规律，而家长的不适应多半来源于自己的控制欲和习惯操作。要知道，你的过多干涉，哪怕是打着"为孩子好"的旗号，却未必是适合孩子的，也不是孩子所必需的，更不是孩子所愿意接受的。所以不要让孩子背负着你的理想去奋斗，按照你既定的规划和路线去成长，他应该有自己的生活经验和成长路线，你只有建议权，没有控制权。你的建议不被采纳，就像在职场上你的提议不被领导、同行采纳一样正常，不必为此大动肝火。随着孩子的成长，家长的角色应随之变化。学会从孩子的

生活中主动撤退,由主导者、操控者转身而为同行者,是家长的必修课。教育经验丰富的老刘,却在孩子青春期遭遇滑铁卢,与他的"撤退"意识不足有很大关系。相反,老莫在和孩子的僵持中渐渐明白"撤退"的意义,对小莫顺利度过叛逆期大有裨益,也为后来帮助小刘积累了经验。

三、总结与反思

(1) 孩子的心灵需求被忽视,往往是青春期孩子逆反情绪大爆发的重要诱因。小莫渴望伙伴的友谊,家长却凭自己的主观判断横加阻止,不仅剥夺了孩子的心理需求,也是对孩子认识判断能力的粗暴否定。青春期正是思维和独立感蓬勃发展的时期,孩子心生怨怼,也是常情。孩子写信给父母发泄不满原本也是一种寻求沟通的方式,可惜不但被家长忽视了,还引发了家长的"狠话",小小叛逆由此升级为家庭尖锐矛盾。小川对姐姐让他远离某些同学的建议也非常反感,他曾非常愤怒地指责姐姐(以及老师):你们就知道看成绩!我的朋友虽然成绩不好,但他待我比兄弟还亲!

(2) 居高临下的教导,比无所作为更加糟糕。晚餐前半段,小莫情绪基本平静,场面上的配合表明他并不愿意把自己与父母之间的矛盾公之于众;但他终于在饭桌上爆发,与老刘的"演讲"不无关系。老刘声情并茂的演讲,活活将温馨的晚宴变成了展示老莫一家亲子矛盾的盛大仪式,对于内向而又自尊的小莫,或许无异于将极力掩藏的疮疤昭示于众目睽睽之下。范梅南认为:"同情心在教育学意义上指的是成人从关心的意义上'理解'儿童或年轻人的情境。""在充满同情的关系中,接受意见、鼓励、帮助、建议和学习指导要容易得多。"老刘餐桌上的演讲虽极具感染力,却与小莫的心理处境背道而驰,所以他宁愿紧闭心锁,伪装出一幅冷漠的表情以示自己的全然不在乎。教育的效果可想而知。

(3) 解铃还须系铃人,父母的教育功能他人无法取代。小莫对父母模仿"别人家父母"的一些做法腹诽颇深,这是一种自发的"家族自尊观念",类似父母对子女常有的"恨铁不成钢"。"别人家"的孩子和"别人家"的父母无论如何优秀,都无法实现"自己家"的心理替代。因此,面对孩子的问题束手无策的时候,改变自己的教育观念,远比一味寻求"外援"更有利。相信,最拙劣的真诚胜过最高明的表演。

第二节
艰难的蜕变

 案例

艰难的蜕变

我,一个大男孩,可以说是要多懒有多懒。我有句格言是:能坐着绝不站着,能躺着绝不坐着。归根到底,我就是个典型的"懒星"。

——摘自阳子的日记

用阳子妈妈的话来说,阳子是被外公外婆当宠物养大的。阳子的外公外婆是老干部,有较强烈的领导作风。他们生了两个女儿,都非常漂亮,大女儿就是阳子的妈妈。两个女儿各生了一个孩子,一男一女,大女儿家生的是男孩阳子,小女儿家生的是女孩润天。把大女儿当男孩养大,并有着传统思想的外公外婆,对阳子这个漂亮的男孩,又是长孙子,当然是宠爱有加。当时,正好是阳子父母打拼事业的时期,没有更多的时间照顾阳子,于是外公外婆就理所当然地把阳子带在了身边。

阳子在外公外婆身边生活了四年,可谓是得到了无微不至的照顾。没受一点磕碰,没听一声哭闹。穿衣服不用自己动手,吃饭只需张大嘴巴。鞋带不会自己系,就连鞋子都不会自己穿。因为只需脚一伸,外公外婆就都代劳了。

阳子上学前班了。上学第一天，阳子午餐不会自己吃，幼儿园老师开始教他，但他却不能接受，因为在家里是要外公外婆端着碗在他后面追着哄着喂着吃的。于是，阳子和老师之间发生了强烈的冲突，后果是阳子把老师的衣服都给扯破了。接下来的日子里，阳子的午餐是要家长接回家吃的。阳子上课总是要下座位到处跑，阳子经常拿别的小朋友的东西，阳子还经常伤害别的小朋友。阳子让班级的课堂教学无法正常进行。

幼儿园领导希望阳子退学，阳子父母意识到了问题的严重性，他们和学校协商，能否让家长到学校来听课，然后回家自己教孩子，幼儿园领导被他们感动并答应了他们的请求。

阳子上小学了，与同学的相处仍然存在很大的障碍，对校纪校规的遵守也存在很大的问题。小学是义务教育阶段，学校没有权限劝退学区内的孩子。于是，阳子的父母就经常被老师请到学校。

为了让阳子改掉身上的坏毛病，阳子父母对阳子进行了严格的矫正训练。作业上的问题基本是妈妈负责，因为父母奉行只要成绩好一切就会好的信条，阳子除了每天做完老师布置的作业，还要完成妈妈布置的作业。一旦抵触或不认真完成就会受到妈妈的惩罚：打手。在妈妈的陪伴和严格训练之下，阳子的学习成绩一直表现不错。而阳子伤害同学、不尊重老师、乱拿家里或他人钱物等行为习惯方面的问题则由阳子爸爸负责管教，正常情况下，如果说教不能奏效，阳子将受到严厉的体罚，最严重的就是用皮带抽，当然很少，不过也足够让阳子深刻铭记了。

初一入学的阳子课堂上很少能专注地听课，正常情况下，他如果不影响别人就是在下面偷看其他杂书，如小人书，或偷玩游戏机，曾经被连续缴获5个PSP。他最感兴趣的就是竞猜，举手积极，当然答错的多于答对的。

有一次因把水果从餐厅带进教室摔烂在地砖上，且拒绝打扫被老师强行带到办公室，他竟然以跳楼加以威胁。还有一次，他因考试成绩没达到妈妈的要求不被允许参加同学会，竟在高架上从妈妈的车里跳出来逃得无影无踪。

一、案例分析

作为阳子的初中班主任，鉴于他特殊的成长经历，我决定从运动、群体、家庭三个方面着手，希望能对他童年期的缺失性成长有所矫正。

在母亲的严格训练下，阳子从小酷爱运动，身体素质非常好。进入初中，每年一届的运动会以及平时年级里举行的各类棋赛、篮球赛、拔河比赛以及名目多样的趣味运动会，我都会有意安排阳子参加，尽管他时有不守规则的情况，但是运动场上驰骋的风采，同学们欢呼的声音，出色成绩吸引的目光，都能够使他妥当地释放自己的干劲、能量和勇气，在获得成就感的同时去寻找归宿感。

埃里克森认为，那些成功解决同一性危机的青少年都会养成一种美德，那就是忠诚。对于阳子来说，忠诚就意味着对自己所在的班集体的认同，并乐于以自己的运动天赋为集体奉献力量。青春期的自尊发展显示：男性自尊的发展往往与努力争取个人成就有关。于是，在一次又一次的运动比赛中，男孩阳子在彰显自己个人成就的同时也在发展着自己的尊严。

青春期的孩子开始更多依赖朋友以寻求亲密与支持，这已经超过了对父母的依赖程度，与年龄更小的孩子相比，他们会与朋友分享更多的秘密。亲密性的增强，反映出青少年开始关注认识自我。有一位值得信任的朋友能够帮助青少年更好地了解内心的感受，形成同一性，并证实自我的价值。

阳子的学习习惯和生活习惯都比较差，为了帮助他重建规则意识，学习上我让班级的学习委员曹仁跟他结对。每个双休日，他的作业都是在曹仁家里完成的，经常是一个学习小组的同学都到曹仁家一起学习。做作业过程中，曹仁会督促并帮助阳子，矫正习惯的同时也提高效率并增进了友谊。由于我的儿子比阳子大一岁，长一届，所以生活方面，每个双休日，我带儿子出去参加活动的时候，也都会让阳子参与，让哥哥给阳子做榜样，待人接物要有礼貌、有分寸。阳子非常愿意跟在大他一岁的哥哥屁股后面。

群体中成员的共同特征，例如住在同一小区，相同的种族背景，同等的身份，相似的能力、兴趣和生活方式等，能帮助青少年建立同一性，增强对所属群体的忠诚度。

让阳子进入曹仁的群体，让阳子进入我儿子的群体，就是希望在阳子的意识里，强化他是这个优秀小组的成员，增强他要遵守这个群体的行为规范的忠诚度。

阿德勒说："被娇宠的儿童多会期待别人把他的愿望当法律看待，他不必努力便成为天之骄子，通常他还会认为与众不同是他的天赋权利。"阳子是被外公外婆宠坏的孩子，是以自我为中心的孩子，如果家长觉醒得不及时，后果就相当的严重。人生最悲哀的事情莫过于用对子孙倾注心血的爱来造成对他们一辈子都无法弥补的伤害。

虽然青春期孩子与同伴一起的时间越来越多，与家长共度的时间越来越少，但是大多数青少年仍然保持与父母相近的价值观。阳子则不同，遭遇了父母专制式暴力矫正的童年期，进入青春期的阳子表现出强烈的叛逆行为。

分析了阳子家庭成员的结构，我把聪明而又强势的阳子妈妈确定为转化目标。我们达成共识：阳子自己能做的事情尽量自己做，自己闯了祸要让他自己承担责任，家长要负责采取适当的方式让孩子明白做人的道理，面谈无法进行时，可以采取文字交流。

如前文所说，青春期少年与父母之间发生的冲突大多数都围绕普通的小事，比如家务、作业、穿衣、零用钱、约会和朋友，而不是健康和安全或者对与错等原则性问题。这些冲突引发的情绪强度，可能反映了青少年为了寻求自主和与众不同，或者个人同一性所做的努力。

认识到青春期可能是一段困难时期，能够帮助父母与老师对青少年遭人厌烦的行为做好心理准备。但是，如果成年人认为暴风骤雨是正常和必要的，就会疏忽掉一小部分青少年需要特别帮助的信号。阳子属于后者。幸运的是阳子的妈妈做出了可喜的改变，她不仅读了《自卑与超越》，还读了《神经症与人的成长》，并拿起笔写起了日记，记录阳子在家的表现以及和他发生冲突后的心理历程，她把自责、努力和期待都写在文字里，以一颗母亲温柔的心守望着儿子的转变。

埃里克森强调：认识自己是健康成长的一部分，它基于早期阶段获得的信任、自主、主动和勤奋，并且为成年期应对挑战奠定基础。但是，同一性危机几乎很少能在青春期完全解决，有关同一性的问题会在成年期一次又一次地突然出现。生命中每一粒种子的成熟都是需要经历风雨的洗礼和时间的沉淀的，让我们一起守望并期待吧。

二、应对与干预措施

青春期孩子会出现各种各样的问题，而大多数问题的根源都来自家庭教育。在研究"问题家教"的过程中有很多需要注意的地方，简单地说，可以概括成五个字：

（1）全。问题出现时，我们不能简单地只看问题的表象就妄下断论。我采取的第一步骤是从外围充分了解第一手情况，包括事件本身的来龙去脉和学生本人的成长过程。了解的情况越全面充分，越有利于判断孩子问题的根源在哪里，也有利于思考可以从哪些角度寻找突破口进行矫正，而不仅仅是头痛医头，脚痛医脚。

（2）透。在了解情况的过程中，我们经常浅尝辄止，缺少深入挖掘的意识。在掌握情况时我更喜欢对孩子的教养方式、对家长的情况，包括对爷爷奶奶的情况，都尽量了解，也会主动了解家庭的矛盾、哪个家长在家里说话更有权威等。当透彻了解情况以后就会发现，不同的家庭结构、不同的家庭教养方式教育出来的孩子是不一样的。

（3）慎。在大致了解情况的基础上，我们往往会用谁对谁错来给孩子下结论，而我更喜欢问对方怎样就能避免产生这样的问题。特别是在依据不足时对问题尽量不作论断，要学会多角度与家长沟通，寻找切入点。因为一旦诊断出错，不仅自己容易被动，而且也容易造成对方的不信任，给下一步工作的进展造成障碍。

（4）准。能够准确判断孩子的问题根源所在，并能说服家长进行配合矫正，是我一直为之努力的目标。要达到这个程度是不容易的，我自己也只是在行走中。一般情况下，要想成为诊断型的教师应该具备一定的侦探能力、诊断能力以及比较优秀的论辩能力。另外，在个人修养上，要具有无论与什么样的家长交流都能保持平和和冷静的态度。

（5）厚。这是上述一切要诀的基础，也是我个人觉得最薄弱的环节。做一名诊断型班主任，需要我们更专业化地读书，需要我们读专业技能方面的书和理论提升方面的书。另外，身边很多的优秀班主任也是我们需要去读的"书"。一些优秀的老师在读书之余，还参加了心理咨询方面的培训，纵使这样，仍然经常有力不从心的感觉。因为这是一条充满荆棘的路，需要顽强的毅力坚持走下去！

三、总结与反思

老师在做家教干预的时候必须遵守的几条原则：

1. 真诚互信原则

任何一个家长都不希望自己的孩子成为问题学生，作为老师，要深刻体会家长的心情，更要练就一双慧眼，看到家长的处境。只要我们真诚地为学生着想，理解家长望子成龙望女成凤的心理，就能赢得家长的信任。作为家长，要相信老师的职业操守，要相信这世界上只有老师和父母是最希望孩子成功的，因为他们都是依靠孩子的成功来成就自己的。作为老师也要相信家长有成长的力量，更要修炼自己的教育干预能量，相互理解和鼓励，共同进步和成长。只有在真诚互信的前提下，家校才能真正实现"心往一处想，劲往一处使"的格局。特别是遭遇青春期的孩子，他们很善于在老师和家长之间钻空子，如果家校能够真诚互信，家长就不会只听孩子的一面之词，老师就不会一味地指责家长不负责任，孩子也就找不到偷懒耍赖的时机。这样，可以极大地减少教育能量无谓的内部消耗，也最有利于孩子的生命成长。

2. 陪伴互促原则

陪伴是最长情的告白，这句在教育界特别流行的话语，本意是说有意义的父母陪伴是孩子成长过程中最珍贵也最奢侈的一种营养。这也可以让我们从侧面看出，孩子在成长过程中需要陪伴，家长们在成长的过程中也需要一份陪伴的力量，老师又何尝不是呢？有经验的老师面对学生出现的一般问题都能比较笃定地处理，而大多数家长是第一次做父母，面对孩子成长中的问题容易手慌脚乱，着急上火，这时需要老师的耐心陪伴、悉心指导、积极鼓励以形成合力。家长的积极配合，努力进步，反过来对老师也是一种促进。如果遇到在青春期教育方面很有心得的家长，还可以发展为老师的智囊团、资源库。家长和老师互相陪伴、彼此促进、不断成长，这样才能更有力量去陪伴并引导孩子们的成长。

3. 尊重互谅原则

在社会公信力遭到越来越严峻挑战的大环境下，"校闹"现象也屡见不鲜，老师的职业道德遭受前所未有的质疑和拷问。教师和家长互相指责，相互推诿，最终不仅孩子受伤害，自己也受伤害，互越边界，得不偿失。虽然现实让我们很失望，但是作为家长，无论大环境如何恶化，都要相信教师队伍的整体素质。否则，如何让不受尊重的教师来尊重自己的孩子呢？家长对老师的谅解，可以减少很多不必要的教育损耗，为孩子的健康成长赢得更多积极沟通的有效空间。作为教师，尊重学生、尊重家长是我们的工作信条，无论我们遭受怎样的不公和委屈，这都是我们必须恪守的操守底线。在这样的前提下，我们就可以减少工作失误，让更多的孩子免受不必要的伤害。尊重学生和家长还可以赢得处理问题的主动权，进而赢得家长的谅解，在互相尊重互相谅解中实现教育的利益最大化。

4. 反思互进原则

老师和家长都要经常反思自己的教育方式,家长专制和师道尊严在00后的孩子面前已经越来越不管用了。孩子是怎么看待我们成人世界的呢?这是摆在教师和家长面前的新课题。孩子更喜欢老师和家长用什么样的方式与自己交流?当孩子犯错时,他们最讨厌老师和家长用什么样的方式处理他们?孩子们真的是自甘堕落吗?家长和老师能否听到孩子内心真正的声音?什么样的鼓励方式对孩子最有效?如果教师和家长的教育反思都能朝向积极的方向,彼此的教育理念和教育认知一定能形成共鸣。教师和家长共同反思,互相进步,这对孩子来说,善莫大焉!

第三节
好孩子也有烦恼

 案例

好孩子也有烦恼

初识小欣是在赴澳大利亚修学的欢送会上。获得修学资格要经过层层选拔,基本条件为连年三好学生,且要经过文化课考试、英文笔试、口试、综合面试、家长访谈等综合测评方能参加修学。小欣娇小但聪颖能干,欢送会上的发言也得体真诚。

据班主任、任课老师描述,小欣全面发展,学业出色,音乐、舞蹈是她的长项,体育也是班级最好的,因此一直处于班级领头雁的位置。学习生涯中,一路收获的几乎都是肯定、赞誉。

小欣,就是所有家长心里"别人家的孩子"。

再次关注到小欣,竟然是因为她不肯来学校上学了。在校门口护导时,一女生不肯进校门,父亲连拉带扯,推着孩子进学校,一看,是小欣。又一日,小欣不肯下车,父亲急中生怒,扬手抽打孩子,为避免在校门口矛盾激化,忙引导爸爸将车开进学校。在地下车库,继续发生激烈争吵,小欣咆哮、歇斯底里,用脚连蹬带踹母亲的汽车,父母、孩子情绪都几近失控。

一个如此优秀的孩子,何以出现如此严重的问题?学校任课老师、心理老师,均极为重视,抽丝剥茧、追根溯源,去了解孩子发生如此变化的内在原因,以帮助孩子顺利渡过难关。

(1)修学。在修学期间,虽然有充分的行前指导、心理建设,但面临新环境,学生会有不同程度的调适过程。在修学期间,带队老师反映,小欣刚到澳大利亚有过一段不适应,不过还是自己调整过来了。修学期间,小欣融入的状态不是很佳。有一次,同学的住家带着同学去滑雪了,而小欣的住家未曾安排,她为此生气抱怨。

(2)作息。开学以来,小欣的作息一直无法正常。她夜里无法入睡,早晨起不来,都需要父母强行拉起来,这是她抗拒上学的直接原因。到校后在同学老师面前表现正常,但下午回家后便去睡觉,至半夜醒来写作业,写完再睡觉,早晨无法起床。

请假在家期间,据母亲描述,早上需要将小欣从床上拖起来,她在家不看书也不写作业。母亲一是担心学业跟不上,二是担心一旦延续这样的状态,想让孩子再回校更困难。母亲归因为抗挫能力太差,对孩子说:你担心别人笑话你,那你不去学校,学习跟不上,同学不就更笑话你?又说:遇到困难要面对、克服。但这个阶段这个状态的小欣已经很难听进去。父母丧失了与小欣正常沟通的渠道,尤其是小欣往窗口一站,父母彻底将主动权拱手相让。

(3)姐弟关系。小欣的父母均为研究生学历,有体面稳定的工作。家有二胎男孩,读幼儿园小班。自从弟弟出生,姐姐一直抗拒。近期,因小欣出现激烈情绪,为避免矛盾冲突,父母和小欣住,小欣弟弟和外公外婆住。值得注意的是,小欣和父亲姓,而弟弟跟着母亲姓,由外公外婆带着,因着姓氏的缘故,外公外婆对弟弟更加宠爱。

父母这段时间几乎将所有精力倾注在小欣身上,将弟弟送到外公外婆家。弟弟刚上幼儿园小班,老师反映各种入园不适应问题。某天,妈妈在征得小欣的同意后,将弟弟带回家一晚。姐弟在家尚可,但第二天,小欣拒绝上学,妈妈问是不是因为前一晚把弟弟接了回来,又问以后可不可以多把弟弟接回家住,小欣的反应是"随便你们"!

（4）亲子关系。对于小欣，因为她一向优秀，父母自然寄予很高的期望，对她的学业也很看重。同时，因为小欣的独立能干，父母认为其不用过多操心，加之工作繁忙、二宝出生，实际上在家庭养育中，父母对小欣有所忽略。小欣和母亲关系不错，但与父亲的亲子关系日益恶化。父亲工作繁忙、应酬较多，对孩子比较简单粗暴，还会采用"打"的方式。在与父亲共同在场的情境下，会用带有恨意的目光瞪着父亲。她哭诉父亲的打骂，并历数从小的打骂。大概十岁的时候，父亲有一次惩罚她，并让她要记住这个日子、记住这个教训。追溯到这件事情，父亲记忆已模糊，但小欣充满恨意。

11月初是小欣的12岁生日，小欣希望隆重举办，而父亲说在10岁时大办过，这一次就是一家人一起为小欣过生日，为此也发生冲突，小欣对父亲极为不满。

对于亲子关系，父亲有深刻反思，非常后悔。但父亲会因为歉疚的补偿心理，对小欣的相关举动一再退让，到无法忍受之时，父亲情绪再次爆发，再次歉疚补偿，存在这样的一种循环。经历这段时间的反复，父亲非常沮丧，甚至有极端话语，说是带着小欣跳楼，让妈妈和弟弟好好生活。

此外，小欣和父母常表达"不想活了"。至此，父母完全受制于小欣，不敢有丝毫行动。

（5）夫妻关系。在小欣不愿来上学后，与小欣父母频繁深度地接触了解中发现，父母的意见并不一致——教养方式不一致，对不愿上学的归因和解决思路不一致，且能观察到父母来学校之前也未曾进行深入的沟通。在交流中，母亲一再表明，家庭中的确存在很多问题，尤其在孩子休学阶段、休学返回后，很多问题没有及时疏导。对于家庭中的问题，父母表示会在这段时间尽力修复、弥补。

在孩子厌学初期，母亲不愿意告诉别人，一是保护孩子的完美形象，二是她归因于家庭，因此着力从家庭这方面来解决。而父亲和学校沟通较多，也会联系到学校的一些状况，寻求老师的力量。

（6）师生关系。小欣不愿来学校，自我陈述，感觉老师同学都看不起她了，感觉自己不如别人了。回校后，小欣表现出超常的敏感。体育课进行短跑测试，小欣这次发挥不佳，体育老师说了一句："咦，你以前短跑很好的啊！"英语练习，小欣一道题没有答对，英语老师说："这道题，你这么好的孩子还不会啊？"在小欣的描述中，这都成为她不愿来上学的原因。父母及小欣均对班主任非常信任。在与班主任的交流中，小欣说，做一个优秀的学生时刻担心自己的退步，怕得不到老师的肯定，而那些各方面并不好的学生，只要一有进步就能得到老师的肯定鼓励，早知道这样，我就一直当差学生了，反而能进步，得到老师的夸奖。

（7）同学关系。据老师描述，同学关系正常。但小欣自我价值感、意义感极低。她自我陈述孤独。她返校后，老师们格外注意，呵护她支持她。开学初的班队课上，老师组织休学同学做交流分享。一开始，小欣有所拖延，但临到最后一晚，她极其认真地制作并反复修改PPT，班级现场演讲也很精彩。但在回家与父母的交流中，她却极其不满，抱怨说，在她讲述的过程中，有个别同学未能专注投入地参与。父母表示她对自己、对别人的要求期待太高，太过在意别人的评价（这都算不得评价），而且关注点落在负面。

在小欣的成长经历中似乎有很多影响因素，但到底是什么激发了这一切的发生？或者这就是各种因素综合后的结果？小欣父母将和孩子进一步进行心理咨询，寻求专业的帮助。学校也从多方面努力，帮助小欣重建自信、重回班级。

（8）心理咨询。小欣请假在家的日子，爸爸妈妈着力修复关系，也带孩子去心理咨询。反馈的情况是，规则意识欠缺、家庭生活方式要调整。这次心理咨询似乎有了作用。国庆假期过后，要举行秋季研学活动，也就是同学们最期待的秋游。收到老师群发的消息，小欣要来参加第二天的秋游。我们觉得这是一个转机。秋游当天，小欣很开心，和同学们也都很融洽。

秋游的第二天，小欣再次提出不来学校上学，那天有一门学科进行测试。

测试后的上学日,小欣来上学了,一切似乎都在朝向良好的方向发展。

一、案例分析

小欣是典型的"好孩子":对自己要求严格,做事认真努力,不允许自己犯错;善于反省和控制自身的行为,不与他人发生冲突;情感敏锐、细腻,自尊心强,各方面表现优秀,是老师眼里的好学生、同学中的榜样、家长心中的骄傲。然而,这样的"好孩子"一旦出现状况,都是不小的状况,暂且称为"好孩子现象"。

1. 好孩子的完美心理与鸵鸟策略

由于非常关注成绩和自己各方面的表现,尤其在意自己在别人心中的形象,小欣无形中要求自己在学习、才艺、交往各方面都要有突出表现,不允许自己犯错误,在"光环"之下,小欣其实背负着沉重的包袱,小心地维护着自己完美的"面具"。小欣拒绝来上学的一个重要原因就是发现自己不能再稳居榜首了,她无法接受这样的现实,无法接受这样的自己,还会生出对于"同学笑话、老师批评"的忧虑,因此选择不来学校。

小欣非常在乎自己的形象,另一方面,她又采取了鸵鸟策略。在小欣内心深处积聚着许多压力。因为优秀,所以焦虑。而母亲对此的分析是她的抗挫折能力弱,因此在这个阶段对她的支持是,鼓励她面对挫折。母亲这样说:"你不去学校,学习跟不上,同学不就更笑话你?"母亲引导关注的点仍然是"同学的嘲笑",仍然是"再回榜首"。如此冰雪聪明的孩子,道理她都懂,她此时需要的是接纳,家人对她的接纳,自己对自己的接纳,接纳自己的不完美,接纳自己的有限。获得爱的能量后,才能再继续前进。大家都关心她飞得高不高,其实小欣渴望有人关心她飞得累不累。

2. 好孩子缺少关注和帮助

我们一般都认为，好孩子是人群中的焦点，怎么会缺少关注和帮助呢？实则不然。

因为是好孩子，所以在父母老师心中，小欣的优秀是应该的。父母老师对她寄予很高期待，觉得她什么都好是正常的，而一旦有所下落则是不正常的。

因为是好孩子，所以在父母老师眼里，小欣能干且独立也是应该的。小欣的确很能干，因此，父母老师都把关注给了"弱一些"的那部分：在家里，父母对弱小的弟弟更为关心；在学校里，老师对弱一点的学生更多关心。在小欣后来的一段表述中，这种渴望关注渴望被爱的心理表露无遗："早知道这样，我就一直当差学生了，反而能进步，得到老师的夸奖。"

此外，一俊遮百丑的心态在老师父母心中或多或少也还存在，因为小欣身上的"优秀"，有时会让家长、老师疏忽了对她成长中弱点的关注，尤其是心理的健康发展，这一部分的缺失有可能成为她成长中的致命伤。

3. 想当一回坏孩子，夺回大家的爱

不难看出，小欣像个"小大人"，认真、严谨，从不轻易暴露弱点和情绪化行为。即便在情绪波动很大的阶段，一旦进入教室，她便与平日表现无异，这也让老师并未能尽早发现她的异常。

在此后与父母多方交流中得知，早在前一学期，小欣上学尚且正常，那时在家中已与父母常有激烈冲突。实际上，每个人的内心都有不同的层面，可以比喻为顽皮的孩子和严厉的长者。顽皮的孩子是人在内心中最自然的天性，是自由的、不受约束的、任性而活泼的，很多时候是不讲道理的，就像是一头无人驯服的小野马；严厉的长者代表着理

性和规范,是父母和社会要求的化身。孩子为了得到父母的关注与肯定,会努力按照父母的愿望行事,逐渐地把父母和社会的要求转化为对自己的要求,当然这也是每个孩子的成长任务。但是二者的关系应该是随着年龄的增长趋向平衡,如果提前跨越必经的心理成长阶段,就如同"拔苗助长"一样,终归要在此后的历程中"补课",重新退化到"儿童期"。

反观小欣这一阶段的任性,不上学,甚至要和三岁的弟弟争宠,她是想通过这种种"退行"夺回父母、老师对她的爱与关注。

4. 二孩家庭,激化矛盾冲突

父母反思,小欣休学回来就有一些异常表现,父母没有及时关注调整和修复。远在异乡,小欣也面临着不少的挑战,不管怎么说,她都一一克服过来了。她期待的是,重回家庭,回到父母温暖的怀抱,修复在外游历受伤的心灵。然而回到家里,她未能感受到所想象和期待的父母的抚慰,甚至,因为弟弟的存在,她突然发觉,在这个家庭里,自己是多余的那一个。因为三个多月自己不在家,父母和弟弟一切都很好,不好的似乎就是自己一个人。

因此,在此后的系列事件中,小欣对父母、弟弟表现出复杂的纠缠。很多事情似乎都是针对弟弟,但事实上,小欣很喜欢别人家的小朋友,对自己的弟弟也不错,但是在与父母的"斗争"中,小欣却总是针对弟弟。表面看,小欣针对的是弟弟;往深处思考,她仍然是在争夺父母的关爱。

二、应对与干预措施

1. 全面了解情况,建立信任

小欣出现种种状况,起初是在家庭,但父母出于种种考虑,并未告诉老师。及至小欣不肯来上学,父母也还希望在家庭里解决,没有完全告知老师。后来，情况比较严重，学校也非常重视，多次与父母沟通，希望能共同帮助孩子，至此，父母才将各种情况告诉老师，老师得以了解全面情况，孩子返校后老师需要巧妙地关心，需要做出合适的应对。

2. 和父母共同分析

对于小欣来说，除了父母家人，对她最为了解的当属老师了。语文老师、数学老师均是从一年级带班，带了五年多。在学校心理辅导老师、班主任的陪伴下，父母多次沟通诉说，诉说的过程也是帮助家长梳理思路的过程。

3. 父母有较好的反思和自我成长能力

小欣父母均为研究生学历，在工作岗位上也都很出色。母亲情绪更为稳定，与小欣关系亲近；父亲情绪起伏较大，但有很好的反思能力。在不断的诉说梳理中，在班主任老师及心理指导老师的引导下，父母都与学校保持一致，在家庭生活中做出积极的调整。此外，还听取学校的建议，进行了专业的心理咨询，这对小欣跨越成长之痛、回归正常生活，都有重要意义。

4. 全体任课教师调整行为、积极帮助

学校对小欣事件极为重视，多次召开各个层面的交流会，商讨策略。任课老师在教室见到小欣，她都表现得很正常，因此老师们无法意识到问题的严重性。于是多次组织老师座谈，告知老师们真实的情况，一起反思教育行为，共同研讨在这样的特殊时期当如何说如何做。达成共识后，在教室见到小欣，所有老师表现得一切正常，当作什么都不知道，因为小欣是个非常在乎形象的孩子，不可特殊化对待。但是教师内心要很重视，留意观察，注意自己的一言一行。

三、总结与反思

小欣这样的"好孩子现象"并不少见,但大多出现在初中,而小欣在青春前期的小学六年级就出现了这一现象,比较少见。青春期,诗人喻之为美好的花季,但生理学家们却称之为"心理动荡期"或"心理风暴期"。这时,孩子的身体迅速发育,但心理上则往往还处于"断乳期"。这种不同步,造成了孩子心态前所未有的敏感和不稳定,亟须父母和教师为他们精心导航。

小欣的种种反应可能是青春期这一特殊时段的特殊表现,也是由于不恰当的家庭教养方式让种种矛盾在这一特殊时期升级激化。因此,在孩子的青春期,家长应调整教育方式,通过家庭教育力量来有效干预和化解青春期症候群,使孩子顺利度过青春期并获得更好发展。

第四节
在渐进中转变

> 案例

在渐进中转变

"老师,告诉你一件事,请你不要对任何人提:我爸爸过年放鞭炮时被炸瞎了眼,他马上就要去上海做手术了……"

小张一直是班级里的混世魔王,成绩差——基本是20个女生中倒数第一名,而且行为习惯也非常差,语言、行为粗枝大叶,狂放不羁。

几天后他们的班主任来找我:"孙老师,小张的爸爸眼睛要做大手术,我们打算去看看,现在每个任课老师写一句祝福的话,全体同学每个人也写一句祝福的话,做成心愿卡,然后买个花篮和一些水果,你看怎么样?"我当然赞成,而且觉得班主任做得非常好。原来班主任从周同学那里听到了这个消息。

那天中午,班主任带领几个同学在小张的陪同下一起去她家看望她的爸爸。为了给她爸爸带来惊喜,事先没有给她爸爸打电话。一路上小张显得很兴奋,也充满了自豪和感激。

不凑巧的是,小张的爸爸去医院换药了。小张一边热情招待班主任和同学,一边眼中含泪地打电话问她爸爸什么时间回来,同学和老师来看他了。看得出来小张有点遗憾。老师和同学们一边安慰小张,一边耐心地等，等了将近一个小时小张的爸爸也没有回来，大家只好回校了。

看着似乎很懂事的小张，我颇有感慨：孩子还是成长了！想想一年前甚至半年前的她，不知让班主任痛苦了多少回，不知和多少同学发生过多少次冲突，不知被多少老师批评，甚至责骂……

我至今仍然清晰地记得，那是一次游泳课归来后的自习课，当我从后门走进教室的时候，就听见一阵歇斯底里的女高音传来："我靠，你TMD的算老几啊……"真是未见其人先闻其声。不用问，又是小张在撒泼。看我从后门走进教室，小张缩了下头，伸伸舌头，赶紧掉过头去背对着我。这时坐在最后一排的一名女同学小蔡语气生硬地对我说："孙老师，小张难道没有名字吗？我看她根本就不配称大侠！"小蔡声音很响亮："她这种欺负同学，扰乱班级纪律的人，根本就不配称大侠！甚至不配在我班！"蔡同学越说越激动，整张脸因生气而通红，本来就很大的一双眼睛这时瞪得更圆，似乎要喷出火来。

"谁欺负人了！？"这时小张也不甘示弱。

"你还没欺负人？！"蔡同学腾地从座位上站起来，眼中充满了泪水，"你刚才在汽车上打小沈的耳光，哪个同学没看到？！你凭什么打人？！"蔡同学几乎咆哮了，而小张虽然还在狡辩，但声音明显低了许多，明显底气不足。

小张在班级里可以说"罪行简直罄竹难书了"。从进入班级的第一天起，小张就显示出了一种无赖的霸气：她丝毫没有新生的胆怯和拘谨，在教室里高声喧哗，仿佛一个高音小喇叭，不断地向边上甚至还没有完全认识的同学介绍学校，似乎她是老生。没有几天，同学们开始向班主任诉苦：小张上课老是找我说话，不理她时她还耍横。于是，班主任结合期初的礼仪教育提醒她："我们学校是以培养有教养的学生为宗旨的，你可要好好遵守班级纪律哦。""是他们找我说话的，不是我找他们说的。"小张不忘狡辩。课后，几个同学又来找班主任："老师，小张又威胁我，叫我老实点，不然她叫九年级的某某来修理我。"班主任很是生气，一段苦口婆心的思想工作一做就是半个多小时，小张答应不再这样了。

为了小张，班主任费尽了心机，除了使出浑身解数外，不断地向各个老教师征询意见，请教办法。除了多次跟该女生谈话外，还特地请来了她的母亲。在和该生母亲谈话前，几个老师商议尽量多谈小张的优点，委婉地点出其不足，争取家长的支持，共同教育小孩。还算不错，小张的母亲应邀来到了学校，孩子的父亲因为在杭州工作没有参加会谈。或许是进入初中第一次被老师请过来，孩子的母亲倒也客气，承认了孩子的不足，也表示自己回家将好好和孩子谈谈，避免和同学矛盾激化，尽可能不影响班级纪律。在和小张的母亲谈了半个小时后，班主任把小张叫到了会客室，又和这对母女促膝长谈，孩子和家长都答应和老师一起合作。

但是小张在班级连续违反纪律、和男女同学不断发生冲突，一次又一次地家校沟通，孩子的母亲不再亲密合作了。孩子的母亲说："我问过了，孩子都说全班同学欺负她，我们孩子没有什么大问题。你们也管管其他孩子，不要都认为我们孩子是罪人！"

可能小张的母亲从老师这里得到的更多的是小张的负面消息，渐渐地对老师的话反感起来，甚至有时老师的电话也不接了。当班主任把很多同学和家长的不满委婉地告诉她时，她更是不乐意了："我们孩子毕竟还小。他们也说我们孩子的不是，他们的孩子就是好人！？……"小张的母亲慢慢地走到了老师的对立面。

小张一旦和同学们发生冲突，她母亲的第一反应是："你有没有受伤？老师和同学是不是又欺负你了？"不仅如此，她母亲对班主任直接发起了"攻击"：她写信给校长，历数班主任的种种"不是"……

一个下午的体育课上，同学们在操场上玩得痛快淋漓。回到教室，原来的游泳课因为天气寒冷，学校安排为自由活动。于是小张大声嚷嚷："又是活动课啊，大家出去到操场上玩啊！"这时班主任出现在教室："大家自习，做做回家作业吧。"然后班主任站在走廊里跟另一个班主任谈事情。只见小张走出教室，和走廊里的班主任交涉，几分钟后，小张气势汹汹地走进教室，一脚把门踹开，嘴里大声粗俗地骂道："×××

（班主任的名字）傻×！"全班正在自习的同学都惊愕地愣住了，简直不敢相信自己的耳朵。

刚走进教室的班主任愕然了，泪水夺眶而出，愤然离开了教室，什么话也没有说。

第二天，年级组出面约来了孩子的父母，德育处也参与了事件的处理。孩子的家长虽然承认孩子辱骂老师是不正确的，但他们坚持认为班主任也有问题，孩子给老师道歉，但班主任也要跟他们的孩子道歉。

分管教育的副校长出面，再次强调大家是为了教育孩子，不是为了处分孩子，当然家长也不能庇护孩子。还算不错，孩子的父亲比较配合，他利用节假日回家的机会和孩子以及妻子长谈，还特地到学校和几位主课老师面谈，也请老师和同学们甚至众多家长多给他孩子时间，孩子毕竟还小，他相信在他的引导和老师们的帮助下孩子会慢慢变好的。

时间过得真快，七年级上学期很快结束了。个人成长材料和学生手册上，一位位老师充满了肯定和期待的评语或许对孩子和家长有所促动；也许新年到来又长了一岁，孩子真的学会了成长；也许寒假里家长对小张有了更多的教育，开学后的小张在做人做事上低调了很多很多。班主任再次找她谈话：让她继续担任美术课代表，并征得她的同意把她从最后一排调到了第一排，她有了更好的学习空间。令人高兴的是，孩子没有丝毫的抵触反而很高兴。更难能可贵的是孩子的母亲打电话给班主任，谢谢班主任没有撤掉孩子的美术课代表。

……

这次班主任主动带领同学们去看望受伤的小张的父亲，化解了老师和家长之间的不快。我们这位班主任还是宽容大量的，积极主动的！当然，这多少感化了小张，也感动了她的父母——当晚就给班主任打来了电话。第二天，小张又带来了父母长长的一封感谢信，她的父亲还给语数外老师分别发来感谢短信，感谢对他的慰问，感谢对孩子的付出……

如今，小张虽然学习成绩还是没有上去，违反纪律的事情也还会出现，但她的确是好了许多，当年的混世魔王的样子很少看到了。或许是时间的推移让她学会了成长,也许父亲失去一只眼睛的惨痛现实让她懂事了不少,可能家长加强了对她的引导……总之,小张转变了很多。

一、案例分析

世上没有无因的果。小张以自己为中心,唯我独尊,藐视他人和集体纪律,自己缺少独特的优势特长又希望能得到所有人的青睐,必然是一个矛盾的综合体:既有老大症候群的傲慢和狂妄,也有表现欲症候群的轻浮毛躁。根本的原因是家庭教育的失当,引导的不妥。家庭教育中缺少礼义廉耻、恭良谦让的熏染,势必让独生子女不把别人放在心中,造成自私自利、态度蛮横、颐指气使、无视规矩、破坏规矩等问题。这是独生子女家庭过分娇惯孩子之根结出的必然苦果。

小张的家庭育儿理念明显存在问题:父亲常年在外奔波,聚少离多,自然对女儿疼爱有加,每次回家,更多的是给予孩子物质满足,却很少有成长上的正确引导。母亲是护士,本应该是富有爱心、温和善良的白衣天使,或许自身的工作经历让她看多了人情世故,受到过某些患者的白眼呵斥,她给孩子灌输的更多的是示强不示弱,不能让别人吆来喝去。一旦孩子和周边的同龄人产生了矛盾,她教给孩子的是不能吃亏,有人骂你骂回去,有人打你打回去。自然而然,小张从小就慢慢养成了无理横三分、有理不饶人的习惯,常常是"叫嚣乎东西,隳突乎南北",时间一长,小小年纪竟然养成了成年泼妇的风格。最为可怕的是小张的妈妈还喜欢护短,孩子和任何人发生矛盾不快,她从不说自己孩子的错,而是为孩子争辩。如果小张欺负了别人,从来不让孩子道歉;万一孩子感觉吃了亏,她绝对是找上门去兴师问罪,甚至老师批评孩子,她还要向学校投诉。日久天长,弄得老师也不敢轻易去管教孩子。在耳濡目染之下,小张渐渐养成了毫不讲理的恶习。一个有家长壮胆、老师不敢多问的孩子,自然也就目无一切,自以为是,就是在学校里,小张也无所忌惮。

再看看小张的长相，粗壮高大，胜出同年人身高 10 多厘米，初一就 165 厘米，体重 120 多斤。这个身高体重的优势使得她让同龄人惧畏三分，从来没有在打架中吃过亏，就进一步增强了她内心的无所畏惧，肆无忌惮。对同学，不管是男生女生，张嘴就是"你个傻×"，动辄抬腿一脚。女生自然只有挨打挨骂落泪的份，男生被踹也只能叫苦连天。小张成了班级一霸，自然就更多了几分蛮横和霸道，无人敢惹。

偏偏是小张这样的孩子，往往在学业上无所特长，又喜欢出人头地，尤其是吃喝玩乐之类，小张常常有惊人之举。比如上文中她想出去玩而且希望更多人和她一起去，当老师说不可以的时候，她的"尊严"似乎受到了"轻视"，就习惯成自然地脱口而出骂老师。

面对这样的孩子，如果没有家庭教育理念的改变，没有家长与老师的配合，仅仅靠老师的教育、学校的约束，必然是事倍功半，劳心劳力，举步维艰。

二、应对与干预措施

每个孩子都是复杂的。小张身上表现出青春期老大症候群、表现欲症候群、粗话症候群等多种特征。冰冻三尺非一日之寒。只有慢慢梳理她的成长历程，才能找出孩子形成如此行为的原因，并努力寻找出适合孩子的教育方法，引导孩子渐渐地转化，因为改变一个坏习惯很难，改变一个人更难，但只要能触动孩子心灵，让孩子在心理上和感情上受到感动，那么孩子就可能有所感化和转变，即使很慢很慢。

首先，我们要在和小张及其家长的交流中，找出孩子家庭教育的盲点或者不妥之处。因为这是孩子在校表现的源头。果然，家庭环境和教育方式，是小张目前状态的根源。她的妈妈是护士，工作繁忙，有时还要值夜班，基本是爷爷奶奶外公外婆带大的，隔代教育的通病在孩子身上都有，他们过于娇宠溺爱孩子，小张从小不满足要求就大喊大叫大闹，性格基本形成。而妈妈因为自己不能长时间照顾孩子，总是害怕自己孩子吃亏，所以喜欢庇护孩子，即使自己孩子错了，她总认为孩子还小，要多迁就。爸爸一直在杭州工作，难得周末才有机会和孩子待在一起，所以团聚时更多的是给孩子物质上的满足，在引导孩子健康成长上有缺失，孩子有毛病和缺点都被自己对孩子的"歉意"而忽略，没有及时纠正孩子的行为毛病。父母是孩子最好的老师。所以在了解孩子的家庭背景后，我们还是多引导父母如何正确教育孩子。中国父母不缺少对孩子的爱，但缺少对孩子的正确引导教育，哪怕父母是高知、高管、高官。我们老师在和家长的交流中，委婉地告知家长方法或者推荐一些家庭教育的图书与讲座，让家长首先学会正确引导孩子。

其次，对于小张在学校的嚣张跋扈，要适当地在纪律的约束下慢慢规范。

孩子的教育不可能一蹴而就，毕竟她的行为性格不可能短时间内迅速改变。所以，对于小张，班主任的做法其实是可取的，给她更多的关心和鼓励，和她谈心，给她改错的机会，而不是一棒子打死。

再次，小张在教室里大喊大叫，经常扰乱自习课或者和同学之间爆发冲突，还有她自身的原因。

表现欲强，又无法在学业成绩上引起大家的重视和关注，那么她长期养成的坏习惯一定要寻找发泄的渠道，我们老师就要适当给她能够胜任的集体工作让她去做，合理疏导胜过严防死堵。我们要像大禹治水一样引导她合理发泄精力，尽可能给她为集体服务的机会，减少她干扰他人或者破坏纪律的机会。

最后，我们要更多地给她宽容，力争在慢慢成长中，以宽容给她心灵上的洗涤和感动，走进她的内心，让她觉悟。

俗话说，宽容就像天上的细雨滋润着大地。对于成长中尤其是青春期的孩子宽容，有时比惩罚更有震撼力、感染力和教育价值。也正是在这种宽容之下，曾经受到孩子辱骂和家长抱怨的班主任，带领孩子去看望受伤的父亲，最终感动了小张和家长，让家长知道了老师的宽容，让孩子懂得了集体和老师的关爱。家长态度变了，孩子对老师、同学和集体的态度渐渐变了，孩子的自我克制能力也慢慢增强了，各种冒犯粗俗减少了。

事实证明，足够时间的宽容和关爱，是治疗孩子毛病最好的药物。小张在渐进中慢慢地变好了许多。

三、总结与反思

面对学习差尤其是纪律差，自我表现欲强，老大式在班级耀武扬威、粗俗秽语、严重扰乱班级秩序的青春期孩子，暴风骤雨式的严肃、严格、严厉不一定有积极的效果。要知道，这样的孩子往往是经历了小学六年的"历练"而升入初中的，老师的招数基本都领教过了，所以没有高招绝招的老师仅仅凭借简单说服和思想工作，或者是晓之以理动之以情难有大效果，批评惩罚更是难见成效。想要教育孩子，改变孩子，还得打持久战，要多一些韧性和弹性，急不得。要知道，香粥是长时间熬出来的，急火易使水沸腾，但沸水中的米往往煮不烂。

要真正地关爱自己的孩子，家长必须和老师配合，形成合力，互相指责和拆台最终受害的不仅是孩子，还有家长和老师，真是"一荣俱荣，一损俱损"。学生、家长和老师应该是和谐的一体，而不是水火不容的两方，或者三足鼎立相互攻击的"三国"。家长应该知道，所有的老师都是和家长一样为孩子好，所以面对老师对孩子的批评教育或惩罚，如果不理解或有异议，应主动沟通，而不应猜疑、尖锐地对立甚至公然地攻击。智慧的家长选择和老师亲密地合作，智慧的老师懂得和家长协商，家校相互合作，才能让问题严重的孩子慢慢好转，虽然这种转变是艰难的、痛苦的、缓慢的。

第五节
古墓派变形记

古墓派变形记

（1）古墓派。初三上学期一开学，沈阳就变了个人似的：一脸的无精打采，面无表情，眼神空洞，上课不是睡觉就是发呆，作业基本不做，每周的随笔倒是能交，但每次都是短短两行，字迹潦草，几乎无法辨认。找他谈话，就是用金刚钻也撬不出半个字，对他发火，也毫无反应。某任课老师称其为"古墓派"，恰如其分。

约家长到学校商谈，得知原因：整个暑假，沈阳几乎每天从早到晚在电脑上打游戏聊天，忙碌的父母也无暇照管，只能任由他放纵。开学前两天，家长断了网络，没收了电脑，并约法三章，上初三了，不能玩电脑了！对此，沈阳强烈不满，并拒食、拒学、拒说话作坚决反抗。家长只好退让，每周末可以玩几个小时。但孩子依旧不开心。报到第一天，新增加的初三课程和同学们全新的紧张的学习状态让他适应不过来，于是，他做起了古墓派。

（2）随笔事件。翻开沈阳的随笔，着实吃了一惊。近三分之二页面，每个字都写得工工整整。这在他的随笔本上几乎是从未见到过的壮观景象！又看看封面，的确是他的随笔，我才带着满腹狐疑认真读起来。

随笔中,他说自己因为爸爸要他好好学习,否则想玩电脑"没门",开始疯狂地叛逆:不再听课,不再做作业,不再想做任何事。但是,他慢慢发现在忙碌的初三,自己越来越孤独,以前下课便一起玩的几个好朋友也不来找他了,他只有在网上才能找到朋友,所以越加沉迷于网络……最后,他觉得自己应该要换一个地方,换一群人相处,重新开始。

是什么原因让他"良心发现"?

不由得翻看他上一次的随笔。只是短短两三行,翻来覆去表达着一个核心意思——无聊!当时,我在他随笔本上写了几句劝慰的话。联想起他在"亲子书信交流"活动中的表现:写给父母的信,短短两行,字迹潦草。他的父亲无奈地在回复中写道:"我也不知道他写了些什么。原本是望子成龙,现在看来也是无望了。"我又提笔补充了几句:"再读你爸爸的回信,竟有无限心酸。不知你能不能理解父亲的希望和失望?昨天放学后,我坐在你座位后面发现你桌肚里的书本摆放得那么整齐,绝对全班第一,这说明你应该是个心思细腻的孩子;上次吴正遥课上呕吐,你是唯一不嫌恶心主动帮助打扫的同学,这说明你非常善良而且热情。是什么原因让你放弃自己?老师很困惑。"这一次的随笔他似乎是在给我一个答复。

我把沈阳认真写随笔的消息告诉他父亲,并表扬了他对同学的热情帮助和超强的整理能力,这个淳朴的家长非常开心。我说:其实,他的改变主要是因为你的那封信。你要多跟孩子交流,哪怕诉诉自己的苦,说说家庭的不容易也是必要的。孩子长大了,也应该有所承担了!

(3)复苏。政治老师一见我就发牢骚:"你怎么那么厉害?沈阳在我的课上居然抄语文词语!"我一边抱歉,一边心下暗喜,这"古墓派"真的苏醒了,准备做点事情了吗?今天上完另一个班的课,刚回到办公室,就见沈阳一路小跑着过来:"老师,我的'健脑操'被物理老师撕掉了,再给我一份吧!""物理老师为什么会撕你的试卷?"我疑惑。他却一脸明媚的笑容:"因为我在物理课上做'健脑操'。""你干吗在物理课上做语文啊?""因为我什么也听不懂,很无聊啊。"我在剩余的卷子堆里找一份新的"健脑操"给他，他看见余卷颇多，在一旁兴奋不已："还有这么多啊！以后我继续在他课上做，撕了再来拿……"我白了他一眼："如果实在不想学，你可以跟老师请假，到办公室来学别的学科。""他不准！本来这节课要到思品老师那儿去的，他不准……"似乎他今天谈兴甚浓。上课铃响了，我让他赶快回教室。

我不知道此时应该高兴还是悲哀。一方面，这个"古墓派""活死人"从先前上课一动不动"进化"而为近阶段愿意做点作业，尤其是对抄写语文词语古诗之类的基础作业充满热情，我为他恢复了一丝活气而高兴，也有几分源自私心的喜悦。另一方面，他作业被撕之后的兴奋显然不是真正"觉醒"的表现，他似乎在玩一个刺激的游戏——以激怒某些老师为乐趣。我担心严肃的批评或讲道理会一不小心浇灭了他好不容易燃起的微弱火苗，又深感对他的支持，哪怕是默许也是对他不负责任的做法。

（4）转变。中考临近，同学们面对雪片般纷飞的复习资料，常常不免唉声叹气。而沈阳的精神却日渐勃发。每天下午，他都会连蹦带跳地来到我面前："老师，我今天的'套餐'是什么？"所谓"套餐"，是一份特地为他制作的基础类练习题。题量不少于其他同学，只是题目简单一些，即使不会做，翻翻书也可以解决。他的成绩也一次次提升，期初离及格线差十多分，一模差一分，二模超过了几分。数学老师也认为，其实，沈阳脑子蛮好的，比班上好些学生都更有灵气，稍加点拨就会了，他的数学一模、二模成绩也都超过90分了。我们一致认为：只要适度降低要求，沈阳还是能比较认真地"动起来"的。

填中考志愿的时候，再次见到沈阳的父亲，他似乎也轻松了许多。我想，他心里和我有相同的感受：即使沈阳中考成绩不够理想，也可欣慰了，因为他已经摆脱古墓派的半死不活状态，越来越接近少年人的本真。

（5）返校。毕业三年后，沈阳和一帮同学一起回校看望老师，衣着打扮时尚，笑容清澈明朗，使得黝黑的脸似乎也光亮了几分。问起同学们的高考状况，沈阳有些羞涩，几个熟悉的同学抢先替他回答："沈阳已经是老板了!"原来,初中毕业之后,他不愿意上职业学校,他父亲也怕他进了一些管理不好的职高会"学坏",于是父子二人商议决定开办了一个小超市,由沈阳来经营。我颇有几分担心,半开玩笑说:"现在终于可以放开手脚打游戏了哈!""No!No!No!我已经不打游戏了!"他连忙否认,尴尬地摸着头说,"超市里忙得很,也没时间打游戏。"

"看来生意不错啊!"我不由得为他的忙碌充实而高兴。

"嗯!还可以!我的货架整理得很漂亮啊。老师你是知道的……"沈阳脸上浮起几分自得的笑意。

我知道?我怎么会知道?正当我疑惑不已,沈阳接着说:"老师你知道我很会整理的呀!'全班第一'!"他竖起食指。

哦,想起来了,我曾经说过他桌肚里的书本理得很整齐,"全班第一"。没想到,这个微不足道的优点竟成了他的创业优势!

夹在一帮热议着考南大还是考苏大的同学中间,沈阳笑意盈盈,没有格格不入的感觉。由衷感到:能找到一片适合自己的天地积极地生活,真美好!

一、案例分析

初一、初二时期的沈阳是个不起眼的孩子,既不引人注目,也不特别让人操心。寡言少语的他在人群中是极容易被"淹没"的普通中学生,不论是成绩还是日常表现,他都普普通通、平平常常。然而就是这样容易被忽视的普通一员,代表着更广泛的群体。青春期症候在他们身上的反映不是特别激烈和独特,却非常普遍。尤其是进入压力相对较大的初三,许多来不及调整自己身心状态的孩子都会或多或少表现出诸如厌学、网瘾、叛逆、狂躁等多种青春期症候。若深入了解,你会发现:几乎每个孩子都曾有过放弃学习的念头;即使最自觉、最上进的孩子,也是喜欢上网打游戏或聊天的;老师眼中的乖宝宝,往往在家长面前是十足的叛逆者、狂躁者……这些不大不小的青春期症候,曾引得多少家长焦虑无措,曾牵动多少老师费尽心力,也曾带给孩子自己几多挣扎和彷徨!就像疾病中的感冒,或许凭着自身的免疫力便自然痊愈,或许借助普通的药物便于无声处消弭,但也有可能产生病毒变异,危及生命。

当初沈阳的父母通过一定的关系才把他送进了这所学校,每天开车往返近一个多小时,也是满怀希望,因而不辞辛苦。以数学老师对沈阳的智力评估,要考上一所普通高中并非没有希望。然而,三年的辛苦并没有达成所愿。初三这个关键学年,由暑假电脑游戏依赖引发的一系列网瘾、厌学、叛逆等症候使沈阳丧失了学习竞争力,铩羽而归的结局自然在情理之中。虽说考高中上大学不是成才的唯一途径,但"青春之误"多少还是令人有些遗憾。好在,本质良善的孩子最终很快找回了自己,在一方适合自己的天地里积极快乐地生活着。

二、应对与干预措施

沈阳身上暗流般的青春期症候,在中学生中非常普遍,也因其危险性不大而容易被忽视。但对每一个个体及其家庭来说,期间遭受的损伤是无法掩盖的。及时发现,引导得当,青春安然;引导不当,或任其自流,唯剩多年后回首之黯然。

1. 常态的关注与陪伴

多数沉迷网络最终网瘾依赖的孩子最初都是因为家人忙碌,无暇顾及,于是孩子与电脑为伴,并渐渐沉沦于网络。现实中缺乏的关注与陪伴,在网络里比较容易获得满足,网络自然而然取代了亲情的位置。所以,与其责备现代信息资源的无孔不入,不如加固自己的亲情城防。一心扑在事业上的家长必须思考的问题是,能否牺牲得起孩子的成长、家庭的温暖以获得事业的成功?如何平衡家庭与事业的关系、亲子与职场的关系,值得每一位望子成龙的家长深思。当然,并不需要全身心寄托于孩子,那样又会走向另一个极端,给孩子过多的压力。常态的陪伴与关注,就是各司其职,各尽其责,但又时时在场。心有寄托,苦有诉处,难有帮扶。

2. 积极地鼓励与引导

没有一颗心是自甘沉沦的,每一个自我放逐的少年,都曾有过艰难的抗争。处在旋涡中的人,最希望得到的是一根救命的绳,而不是严格的泳姿训练。对处在困境中的孩子,与其苛责其缺失,不如寻找其优势,因势利导,慢慢修复他们近乎崩溃的信心。上述案例,沈阳对某些课程的偏爱甚至痴狂,与老师的鼓励不无关系。道理很简单:亲其师,信其道。在四处受难之时,在迷茫无助之际,肯定的评价给人以信心,正确的指引给人以方向。不管前行多远,有希望的跋涉总胜于无望的徘徊。

3. 适度牵引,不抛弃,不放弃

厌学与有网瘾的孩子,往往是意志力较为薄弱的一类人,就像登山途中时时想放弃的人,精神的鼓励无法奏效的时候,是需要有人牵引和扶助的。当他对千米高峰心生畏惧,不妨先定下一个小目标:且上百米。就像沈阳在语文学习中,只需要完成最基础的部分,体验到成功快感的他自然不会放过其他的学习任务。牵引,就是借助外力,拉扯着、拖拽着,让他保存身心的活力,不至于被消极的情绪和活动完全俘获。拉力过大,可能损伤元气,事与愿违,所以适度很重要。然而,牵引毕竟是被动的行为,艰难的攀登者可能会随时停下疲惫或惰性的脚步,孩子身上的青春期症候常常会反复"发作",牵引者(老师或家长)要有耐心始终不抛弃、不放弃,助力孩子最终到达目的地。

三、总结与反思

(1)即使最无望的孩子,内心依然充满期盼。只是他被诱惑羁绊,无力自拔。但家长和老师往往过分关注显性的成绩，而少了慢慢走进孩子内心世界的耐心，能走进去，交流、沟通，就有机会点亮一个失陷于黑暗迷途的孩子的心灯。

（2）亲子之间的交流应该更加多元化。普通家长与孩子交流的话题除了温饱就是学习，在温饱愈来愈不是问题而学习压力日渐增长的今天，这种交流方式很难降服和温暖一个叛逆期孩子的心灵。而平等的尊重，商讨式的对话，甚至诉苦式的倾吐更能够唤醒孩子内心的责任意识，从而激发起孩子的自立自助的意识，战胜自己性格中软弱的因素，获得更强有力的成长。

（3）赏识！无论孩子还是成人，都存在对"认同感"的强烈需求。一句赞许的话语、一个肯定的眼神、一个支持的行为，也许会让某些隐藏于粗糙表象下的优点大放异彩，成就一段精彩人生。赏识教育在一定程度上可以说对每个人都是终生适用的，尤其对于"不起眼"的人物，每一分受到肯定的亮色都可能成为他生命中的一道绚丽彩虹。

第六节
这样的母爱要不得

这样的母爱要不得

初见华雄，英俊帅气，皮肤白皙，浓眉大眼，眼神里却充满了敌意；五官精致，却一脸的不屑；他背靠着椅子，跷着二郎腿挑衅地看着我……谈话结束，他傲慢地站起来，摇晃着身子甩上门扬长而去。

星期二下午第一节课是语文课，窗外火辣辣的太阳正盛，大家在安静地自习，只有华雄跷着二郎腿，手里转着笔，头歪在一边，连作业本都没有打开。

"华雄！你在认真听吗？作业怎么没打开？"

"我不是打开了吗？"

"练习册还合着呢，是否要拍张照片你才能承认啊？"

"要不要我借给你照相机啊？"华雄高声说，又轻声咕哝了一句，"讨厌！麻烦！"

"你说什么呢，华雄！"

"我说什么关你什么事？"

"你再说一遍！"

"你很烦!"华雄猛拍了一下桌子,"我不是在看吗?"

"你的嘴巴怎么这么老(硬)呢?"王老师有点发火了。

"我没有嘴老,我现在打开又怎么样呢?难道没有书就不能上课吗?"

"你还嘴老啊!"

"我嘴老又怎么样啦,要打电话吗?好,我给你两毛钱,你去打……"

王老师火了,大声说道:"不上了,给班主任陆老师打电话,华雄在这里,这课是没法上了。"

华雄也很生气,拍着桌子,破口大骂:"我就这样怎么啦,想打啊,来啊!"他冲着王老师掀桌子,捋袖子……教室里的空气一点就爆了。

班主任陆老师到场把华雄带走了……

——摘自一学生日记

到了办公室,我拿了张凳子让他坐下,等了两分钟,我在他确认自己情绪已经平静下来之后,开始了解事情经过。

他说:"殷杰问了我一个问题,王老师就叫他不要讲话。叫打开课本我就打开课本,她还在跟我烦。"

"那么,王老师都说了你什么呢?"

"你自己去问她!"他开始不耐烦了,"反正她再跟我烦下去,我就把她打到住院,不信就试试看。"

——摘自班主任随笔

华雄的大名,在他刚上初一时就早有耳闻了。传说中的他在小学就已经是老师们不敢管教的对象了,原因不是华雄不服管,而是他的妈妈严重护短。每次华雄被老师批评时,他妈妈基本都要去学校找老师理论而大吵大闹。后来小学的老师就尽量不管华雄了,作业不做一定不管,只要不伤害他人,基本上由着他。

因为一起事件,学校叫来了警察把他带进了派出所。华雄妈妈因此大闹了学校,对学校未经家长同意就把她儿子交给派出所极度不满,于是家长和老师的关系开始恶化。而华雄则变本加厉地搅得班级如一团散沙，两年不到就换了三个班主任……

为了进一步了解华雄的成长环境，也为了接触一下"泼名在外"的华雄妈妈，我请班主任老师预约华雄父母到学校来交流一次。

第一个星期，华雄父母以工作忙为借口拒绝来学校。

第二个星期，华雄父母直言相告，不愿意来学校与老师交流，他们说与老师没有什么好交流的。

我对华雄的父母充满了好奇。第三个星期，我决定登门拜访，我请班主任帮我预约到华雄家去家访一次。听班主任说我要去家访，在教室里华雄再次情绪激动。我找他谈话，告诉他去家访的目的。他说："我以为老师去家访都是告状的，以前就这样，每次家访后我都要被爸爸揍一顿，然后妈妈和爸爸吵架。妈妈脾气特别暴躁，爸爸比较怕妈妈，于是每次家访都让家里不得安宁，所以我讨厌那些来家访的老师。"

我趁此和他拉了家常，他告诉我："妈妈是非常厉害的。我有一个阿姨，非常温柔，阿姨小时候被人欺负时都是我妈妈去讨回公道的。所以我妈妈在我很小的时候就教育我不能做好人，做好人是要被人欺负的，要像妈妈那样厉害，这样就没人敢欺负你了。"

我问他阿姨和妈妈谁更受别人欢迎，他说他阿姨。我希望他帮助我去见见他妈妈，并希望他和我一起努力让妈妈改变一下，让妈妈成为更受欢迎的人。他勉强同意了。

终于约好了去家访的时间，在华雄的带领下，我们到了他的家门口。

华雄妈妈面无表情地打开门，没有招呼，气氛有点尴尬。我们热情地和她打招呼，主动换鞋进到屋里，坐到沙发上，和她聊家里的居室摆设。她冷若冰霜地有一句没一句地和我们答话，华雄爸爸开始热络起来，倒了茶水，热情地和我们聊了起来。而她，则自始至终以双臂抱在胸前的固有姿势靠坐在沙发上，以充满敌意的眼神一直审视着我们。这个眼神和表情与我第一次接触华雄时是多么的相似，同样的冷漠，同样的挑衅，浑身浸透了傲慢。

我们聊起了华雄的优点和进步，最后聊到了华雄致命的缺点——性格冲动，脾气暴躁，同时也委婉地提出了妈妈脾气暴躁和冲动的性格，希望父母能配合改变一下，这样对矫正华雄的问题非常重要。整个谈话过程是谨慎还算愉悦的，华雄父母基本接受了我们这次的主动家访。

月底举行离队仪式时，我在学校的电梯口和一个人擦肩而过，很面熟，她和我打了一下招呼。我努力地搜寻记忆——华雄的妈妈，我迅速回头叫住了她，热情地和她打招呼，她又显得很尴尬的样子，匆匆地离开了。我有点感动，为她开始接受我而感动。她好像很习惯冷漠和蛮横，面对我的热情她总是不知所措，并做出满不在乎的样子。

接下来的整个学期，据反馈华雄表现大有好转。

我预约了他的父母，他爸爸来了。我和他沟通了华雄的成长和进步，充分肯定了父母的配合和支持。我们也聊到了华雄的妈妈的问题，他爸爸表示会做好妻子的工作，并表示在家里对华雄会坚持正面教育，全面配合学校，让儿子健康成长。

华雄上初三了。开学一个月来，充斥耳鼓的都是对华雄的夸赞，老师们都说三年来他的变化还是很大的。每次见到他，他都能主动地和我打招呼，而我都是真诚热情地回应他，尽管他的口吻里敷衍多于真诚。他经常会晃悠在我的眼前，虽然不免流露出些许匪气，但我仍然看到他努力在规矩自己。

初三第一次家长会，我约见了华雄的妈妈，这次我想和她做一次深入的交流。

她斜坐在椅子上，跷着二郎腿，背靠椅背，双手抱胸，一脸冷漠地看着我。这个形象与我初次见她的样子又是如此的相似，孩子的行为习惯一定可以在父母身上找到痕迹，在他们身上，我再一次得到了佐证。我敢肯定，她眼神里透出的冰霜和凶悍绝不是一般人能够抵挡的。我保持我的热情和真诚，主动地打开局面。

她第一次在我面前侃侃而谈她在家里对儿子进行的一些改变："以前我都是把什么都做好，饭做好，衣服洗好。现在我们家的晚饭大部分都是华雄在家做的。我在饭店工作总是很晚回家的,我就让他爸爸故意也晚点回去,于是让儿子为爸爸做好晚饭。他很乐意的,而且做得很好!现在在家里,他已经能帮助父母做很多事情了,我们一直在教育他要感恩。"我肯定她的做法,表扬她为儿子作出的改变,更为他儿子因此有很大的进步而向她表示祝贺!

接着我向她反馈老师们和同学们近阶段反映的华雄的进步和存在的不足,又具体交流了华雄各门学科的学习状况。交谈过程中,她放下了二郎腿,开始和我保持一致的姿势。这位愿意为儿子付出所有的母亲,因自己的不合适的方式导致善意离她越来越远,而她自己浑然不觉,最终不仅伤害了自己,也害了孩子。

一、案例分析

华雄身上有典型的青春期症候表现:粗话症候群、老大症候群、交往失度症候群以及狂躁症候群和叛逆症候群。面对老师和同学,脏话连篇;身边聚集一群不良习惯少年,以华雄为中心,经常性惹是生非,出事后总有人替华雄承担责任;华雄的交往圈涉及校外,与社会上小混混经常勾结打群架,几次进派出所,但因是未成年学生,一直游走在法律边缘;华雄性格暴躁,经常挑衅老师的底线,严重破坏纪律,令老师头疼不已;小学时还有他妈妈能管住他,初中之后,父母越来越管教不住,甚至出现要打母亲的情况,令其母心碎不已。

华雄成为"小霸王",主要源自他的原生家庭,尤其是他母亲的教育。当母亲以"好人被人欺,要比坏人坏"的理念教育孩子,结果是很可怕的。华雄母亲不仅在理念上教育孩子要做"恶人",而且还亲自示范"强盗逻辑",为孩子做榜样。因为华雄母亲是开饭店的,也许这样做有其不得已的苦衷,但是如果以此来教育孩子,最终只能是搬起石头砸自己的脚。

华雄成为"小霸王"还与朋友圈的影响以及教师过早放弃管教有

关。相对于父母老师的教育，青春期孩子更愿意得到朋友间的认同。无论是校内还是校外，他的朋友都是一些三观不正、行为不端的不良青少年，臭味相投的朋友圈，使得华雄与学校的正面教育背道而驰。华雄在读小学时遇到的某些老师，面对华雄妈妈的蛮横不讲理、泼辣谩骂等种种粗俗的言行而恼怒愤慨、惹不起躲得起，对华雄实行自生自灭原则而不闻不问，使他错过了最佳的矫正时期。

华雄成为"小霸王"也与缺乏惩戒的教育体制有关。随着改革开放的推进，孩子的个性得到了前所未有的张扬。尤其是独一代和独二代的孩子长大，家庭教育也发生了翻天覆地的变化，"小皇帝"越来越成为主流。特别是初中阶段，幼小阶段没有调节好的青春期症候隐患，容易在这个阶段爆发。于是，学校教育出现了尴尬的局面：要不要教育惩罚？如何实施教育惩罚？而"严禁体罚和变相体罚学生"的规定又给学校和老师施加了无形的压力，老师们遇到一些自我膨胀、家长蛮横的学生就会束手无策，正常的教育教学秩序就会受到影响。所以，遇到华雄这样的学生和家长，学校教育就会显得比较苍白，老师更是无可奈何。

二、应对与干预措施

由于上述种种原因，处于青春期的华雄已经滑入学校和社会的边缘，青春期症候群现象已经沉降为问题学生。对于这样的孩子，如果问题的源头——家长不作改变，学校里的老师会感觉特别棘手。作为教师，我们要明白"教育不是万能的"，但是教师要遵守自己的道德底线，不能放任自流，而要最大限度地控制他进一步滑坡。

1. 全面深入了解情况

遭遇华雄这样的学生和家长，经验不够丰富的教师容易被他抓住把柄，家长再来反咬一口，感到委屈的老师容易心灰意冷，放弃管教是必然的选择。所以，凡是遭遇青春期症候群比较典型的学生，我们首先要做的不是简单地处理问题,而是要全面深入地了解情况,摸清孩子家庭成员的关系,在大概掌握问题方向的前提下,再着手制订处理方案。对于华雄,通过向现在的同学老师以及小学的老师了解情况之后,初步判断问题根源在其母亲身上,接下来的突破口就确定为去家访,与其母亲建立联系是关键。

2. 理解接纳家长的情绪

华雄妈妈的痛苦显而易见。她不理解为什么那么多人不接受她的儿子,她那么爱孩子,情愿自己受委屈也不能让儿子受委屈。特别是老师,一边倒地指责自己的儿子,激怒儿子,所以儿子才错上加错的。如果作为母亲再不站在孩子背后支持他帮助他,还有谁能理解儿子啊?以后儿子在学校还有好日子过吗?她是开饭店出身的,在她眼里,这社会本来就是"好人没好报",儿子被坏人欺负了,就要让儿子成为更坏的人,这样坏人就不敢欺负他了。

3. 积极主动,温和坚定

崇尚"恶人生存"法则的华雄母亲,经历与小学教师的冲突,是不会轻易相信初中老师的善意的,她傲慢地多次拒绝我们的预约,坚决不到学校沟通孩子的情况。不轻易放弃是我们的原则,为了破冰,我们又从华雄身上做工作,通过华雄让其母亲相信老师家访不是告状,就是单纯地沟通了解情况。上门家访,面对冷若冰霜的华雄母亲,我们是否还能温和坚定地跟她谈论孩子的种种表现就变得至关重要。我们需要有足够的心理能量,从理解家长的角度来打破僵局,寻找彼此关切的话题。

4. 及时反馈,鼓励坚持

主动上门和家长沟通,向家长表示老师的诚意,在家长配合有效的情况下,通过班委会每月一次反馈华雄进步的信息,鼓励家长继续努力，以强化家校合作的效果。当家长发觉和老师的配合可以赢得孩子的进步，就会更加配合老师，形成良性循环，家长的教育方式也在潜移默化中开始矫正。

三、总结与反思

1. 教育惩戒是必要的

中国相当一部分家长比较推崇西方的个性教育，但他们却没有去了解美国的教育惩罚其实还是很严厉的。罚站墙根，罚留校，给家长打电话，甚至在墙上画一个小圆圈，让孩子把鼻尖顶在小圆圈内，直到老师"解放"你为止，等等，这些都是以抑制孩子的自我膨胀为目的。如果我们的教育只吸取了"个性张扬"的部分却摒弃了抑制"过度膨胀"的惩罚，培养出来的孩子是危险的。

新加坡也很提倡个性教育，在他们的课堂上，孩子可以自由下座位喝水去洗手间，可以坐在座位上讲话回答问题，一些调皮的学生还会做一些鬼脸、写纸条等，这些都不影响老师的课正常进行，他们的课堂纪律用我们的要求衡量简直就是一塌糊涂。但是他们很讲究尊重，讲究自由的尺度，一旦超出某个范围，将会受到严厉的"鞭刑"。

然而，由于我国对教育惩戒没有明确的界定，如果允许老师进行教育惩戒的话，又会有多少孩子被罚抄百遍千遍，被烟头烫伤手臂，被耳光打穿耳膜，被皮鞋踢成骨折……我们呼吁理性的教育惩戒，需要设置专门的惩戒手段，界定范围，而不是全盘抛弃。

2. 家长也需要鼓励和激发

做老师的都知道，和家长交流是一门必备课。特别是遇到青春期的孩子，我们往往发现孩子的问题都能溯源到原生家庭。然而，如何让家长接受这个观点并乐意配合改变自己来帮助孩子成长就成了最关键的问题。

阿德勒说过,"最需要给予忠告的父母都是最不肯接受忠告的父母"。所以情况往往是,家长认为是老人的问题、是孩子的问题、是学校的问题,甚至是个别老师的问题,就是不觉得自己有问题。老师又往往认为是家庭的问题,我们只管孩子在学校的事情,不负责家长的问题。这样老师和家长就形不成合力,孩子在退步的路上就有可能渐渐走远。如果遇到家长和老师的关系紧张,学校教育和家庭教育不仅没有形成合力,很有可能成为斥力,对孩子的危害就可想而知了。

家长也是需要引领、鼓励和激发的,可惜的是我们不少老师还没有意识到这一点,或者意识到这一点也会觉得这不是做老师分内的事情而不屑去努力,结果造成孩子的问题越来越严重。当然,如果把对家长家教方式的矫正作为对老师的要求,似乎又显得太过分了。这之间如何寻找最佳的结合点,还需要进一步思考。

3. 老师的道德底线是什么

老师干的是良心活。我听过最没有师德的一句话是:我不能让你的孩子更优秀,但我能让你的孩子更糟糕。我认为,有这种想法的人是不配当老师的。为什么给老师送礼的风气越来越盛?应该与家长怕遇到这样的老师是有一定关系的。

我们绝大多数老师是能坚守自己的道德底线的,不会因为送礼和不送礼而对学生另眼相看,更不会因家长没有送礼而刻意去伤害学生。作为家长要摆正心态,不要委屈误解了老师。班里孩子那么多,老师总不能像家长那样对一个孩子面面俱到,这也是孩子适应社会的开始,孩子受到一些挫折,受到一些自己认为的不公平,其实对孩子是好事,能锻炼他们的承受能力。

那么老师该怎样遵守自己的道德底线?我认为最起码的良知是不能因为家长的任何言行而对孩子进行刻意的伤害,即使这样的行为可以理解,但绝不可原谅。抛开教师的专业能力不谈,华雄在读小学时遇到的老师,因家长蛮不讲理而过早放弃对华雄的管教,已经突破了师德的底线，是要被良心谴责的。

如果我们的老师能够坚守自己的道德底线，成为家长的朋友，成为家教问题的解题高手，能让家长非常乐意地配合学校，互相促进，帮助孩子健康快乐成长，那将是多么和谐的画面啊！

POSTSCRIPT 后记

这是我们青葵园团队继《遭遇学困生》之后又一次合作书稿，接到大夏书系的约稿，内心还是非常惊喜的。但是大夏书系对书稿质量的看重又给我带来非常大的压力：我们的青葵园团队能否经受住这样的考验，顺利完成写作任务？

三年的省级规划课题研究为我们积累了足够的原始素材，有了这些铺垫，青葵园的伙伴们一开始热情高涨，我们白天上班，晚上加班，讨论提纲的修改，几次三番地斟酌，一级提纲——二级提纲——三级提纲，每一章每一节都经历过碰撞打磨。提纲和样张提交之后，卢风保编辑很快地反馈了修改建议，特别是第二章和第三章在内容方面如何规避重叠，让我们青葵园的伙伴们感动的同时又觉得无力突破。

感谢我的好朋友、上海浦东教师发展研究院的王丽琴老师，她的出手为我们解决了难题：第二章以典型案例描述症候性状，第三章对症候群进行归类，从四个不同角度深入剖析青春期症候群的成因和破解思路。我们青葵园行走十多年来，王丽琴一直陪伴在我们身边，对于局限于实战的一线老师来说，她学院派兼田野观察派的角色太可贵了，她让我们的行走有了明确的方向，推荐我们共读的书也是既有品质保障又非常接地气的精神食粮。

原以为一个学期就可以完成书稿，不承想竟陷入重重困境。高桂萍老师因患眼疾只能完成第二章的第六节和第十节的原稿修改任务；董劲老师因工作繁忙，加班加点、历经艰难完成了第二章第三节和第三章第二节的任务；孙志平老师完成了第二章第二节和第五章第四节的任务。最不容易的是郭萍老师，在遭遇人生重大挫折的情况下，不仅完成了第二章第八节、第九节的任务，还完成了第五章第一节、第五节的任务。

身为副校长的陈汉珍老师，是我们团队中年龄最小的80后，家里有学前班孩子需要照顾，学校有一大摊子事务需要处理，而她仍然完成了书稿的第一章和第二章第五节以及第五章第三节的任务，她对稿件的高质量要求令人感动，每一章每一节都是几易其稿，精心修改后才定稿提交。其他章节的任务就都由我一个人承担了，于是我所有的节假日几乎都泡在关于青春期和家庭教育的书籍资料里，原计划一个学期完成的书稿，竟然用了三个学期才完成。感谢这一年多的时光，完成书稿的过程其实也是经验梳理和自我提升的过程。

感谢凌宗伟校长，帮我们完成了第二章书稿的统稿工作；感谢杨斌老师，百忙中还抽空为我们的书稿写序，他是我的中学老师，也是我工作中的师父，更是我的人生导师。

感谢苏州工业园区星湾学校曲虹校长和德育处吴菁老师，为我们书稿第四章的"朋辈辅导"提供了大量具体而又翔实的资料。

感谢我的供职单位——苏州工业园区星港学校，为我们的课题研究提供了大力支持，感谢学校的全体师生，书稿中的大量案例和研究资料都是在大家的共同参与下发生的。只有土壤肥沃，才会绿草葱茏，百花绽放。感谢顾振伟校长，以其仁厚的宅心，博大的情怀，让我们能永葆教学激情，实现专业化的二次生长。

最后感谢朱永新老师，感谢新教育。我是新教育的孩子，如果没有新教育，我的生命就不会像现在这般精彩！

感谢生命中所有给予我们力量和鼓励的亲朋好友，在我们的行走过程中一路扶持，真诚地感谢你们！

本书案例中的人名均为化名。

吴樱花

2019 年 7 月

图书在版编目（CIP）数据

遭遇青春期学生：应对青春期症候群的教育智慧/吴樱花等著 .—上海：华东师范大学出版社，2020
 ISBN 978-7-5760-0198-3

Ⅰ.①遭… Ⅱ.①吴… Ⅲ.①中小学生—青春期—健康教育—研究 Ⅳ.① G479

中国版本图书馆 CIP 数据核字（2020）第 041578 号

大夏书系·教育艺术

遭遇青春期学生
——应对青春期症候群的教育智慧

著　　者	吴樱花 等
责任编辑	卢风保
责任校对	殷艳红　杨　坤
封面设计	奇文云海·设计顾问
出版发行	华东师范大学出版社
社　　址	上海市中山北路 3663 号　邮编　200062
网　　址	www.ecnupress.com.cn
电　　话	021－60821666　行政传真　021－62572105
客服电话	021－62865537
邮购电话	021－62869887　地址　上海市中山北路 3663 号华东师范大学校内先锋路口
网　　店	http://hdsdcbs.tmall.com
印 刷 者	北京密兴印刷有限公司
开　　本	700×1000　16 开
插　　页	1
印　　张	12.5
字　　数	173 千字
版　　次	2020 年 5 月第一版
印　　次	2025 年 1 月第三次
印　　数	8 101–9 100
书　　号	ISBN 978-7-5760-0198-3
定　　价	42.00 元
出 版 人	王　焰

（如发现本版图书有印订质量问题，请寄回本社市场部调换或电话 021-62865537 联系）